税務署は見ている。

飯田真弓

日経プレミアシリーズ

少し長いプロローグ——税務署は何をしているのか

税務調査は先生の洗礼から始まる

カチカチ、カチカチ。カチカチ、カチカチ……。

二〇XX年、一〇月のある水曜日。一三時からの調査。その会社の応接室では、鳩時計の音だけが響き、時折、かすかに紙の擦れる音が重なっていました。

部屋にいるのは、経営者、その夫人、先生、先生の事務所の担当者（事務員）、そして調査官である私の五人。四対一の戦いでした。

「関与先が営業中は困ると言ってるんで、定休日、水曜の午後にしてもらえますか」

調査の事前通知をすると、先生の事務所の担当者から折り返しこのような返事があったのは、数日前のことでした。水曜日が定休日の業種とは……。そこは読者の皆様のご想像にお任せしましょう。

一〇月は、一年のうちで最も税務調査が多いと言われている時期。先生にも「当たり年」があるようで、調査当日にうかがうと、

「なんでわしとこの関与先ばっかり、(調査に) 来るんや!」

開口一番、こうおっしゃいました。

すでにお気づきだとは思いますが、「先生」とは税理士のことです。

調査官になりたての頃、先輩から、

「調査に行ったら、税理士さんのことは先生って呼ぶんやぞ!」

と教えられました。

弁護士、会計士、そして税理士……。「士業」と言われる仕事に就く人の多くは、先生と呼ばれます。

ただし税理士の場合、もともと「OB税理士」と言って、税務署などで働いていた人が退職して就くケースが多かったようで、国税当局で働く人間にとっては「業界」の先輩にあたることから、敬意を表する意味で先生と呼ぶのかなとも思います。

「あんたとこの署長の〇〇君なあ、昔、わしの下におったんですわ」

私が調査に出はじめた頃、先生からそのような話を延々聞かされ、なかなか本題に入れないことも少なくありませんでした。

その帳面は、誰が作成していたのか

調査場所として通された応接室の大理石のローテーブルには、さまざま帳簿や書類が積み上げられています。

税務調査は、初日に何を見つけるかでその後の展開が決まります。

調査開始時刻は午前一〇時頃からというケースがほとんどですが、この日は、午後からのスタート。いつもより調査する時間が少ないため、それを見込んで、事業の内容や経営者の家族の状況などの聞き取りは早めに済ませ、帳簿の調査に入りました。

税務調査というと、数字を突き合わせることが仕事だと思われがちですが、実際には数字を追うよりも、事実関係の確認に重点を置いています。沈黙が支配する部屋で、私は領収書が貼りつけてあるファイルを一ページずつ、丹念にチェックしはじめました。

先生は静かに目を閉じ、腕組みをしたまま、まったく動きません。経営者本人はかすかに

貧乏ゆすりをして居心地が悪そうでした。それでも応接室から退出しないのは、事前に先生から、

「税務調査は、本人が立ち会うほうが不利な展開にならずに済むんですよ」

とアドバイスされたからなのでしょう。

夫人は一応経理担当となっているので、文句を言わずに座っていますが、彼女も領収書綴りにはあまり興味がなさそうです。

しかし、担当事務員の彼だけは、一人そわそわし、神経をとがらせている様子でした。

私が少しでも綴りをめくる手を止めると、身を乗り出し、どの領収書を見ているのだろうかと目をこらします。

（担当者は、「この領収書は、経費に入れてもいいのだろうか」と思いながら、処理したものがあるに違いない）

そう感じた私は、一冊目の領収書綴りを閉じる前に、一つ、二つ質問してみることにしました。

領収書はすべて経費で落ちると誤解する人

「この領収書、昨年の二月一四日のものなんですけれど、帳簿には接待交際費となっているんです。どなたを接待されたんでしょうか」

「そんな、一年以上前のことを急に聞かれても……。お前、何か覚えてるか?」

経営者は夫人に尋ねます。

「二月一四日ですかあ。さて……」

夫人は老眼鏡を取り出し、あまり気乗りしない様子で、その領収書に目を近づけました。

「ホテルでお食事されたみたいですけど」

私が彼女に話を向けると、

「いやあ、何でしょうねぇ……」

心当たりがないようです。もちろん、私はここで明快な答えが得られるとは思っていません。回答を待たず、次の質問に移ります。

「では、この領収書はどうですか?」

すると今度は、私が示した翌日付けの領収書の内容を経営者本人が読み上げました。

「えーっと、宿泊お二人様……」

「えっ、宿泊って、どういうこと！」

夫人の目の色が変わりました。

私がさらに質問を重ねようとしたそのとき、先生が吠えました。

「いい加減にしろ！　これやから女の調査官は困るんや。一枚や二枚領収書を見つけただけで、鬼の首でもとったみたいに。重箱の隅をつつくようなマネはしなさんな！」

本来であれば、「女の……」などと言おうものなら、セクハラと訴える人もいるでしょう。けれども、調査官である私は挑発に乗るわけにいかないので、あくまで冷静に淡々と続けます。

「先生、私は今、ここにある書類をじっくり見させていただきました。一冊目の綴りだけでも、内容を確認したいと思うものがたくさんあります。お言葉を返すようですが、この二枚の領収書のことだけを言っているのではありません」

先生の頭に血が上っていくのがわかります。その瞬間、担当事務員と目が合いました。

「わっ、わたしは、奥様から、ここに入ってる領収書は全部経費やから、ちゃんと処理しといてねと言われて……。あの、その、言われたとおりにしただけです……」

領収書さえ残しておけば、何でも経費に算入できると思っている経営者は少なくありません。また、残念なことに、それが何のために使われたのかを確認せずに記帳する税理士事務所の担当者にも何人も出会いました。

パソコン処理の便利さ、そして落とし穴

「そんなふうに言うんやったら、全部持って帰って調べたらええ」

先生が吐き捨てるように言いました。

「わかりました。では、書類を全部お預かりします。少しお時間をいただくことになると思いますが、不明点を抽出して、再度ご連絡させていただきます」

私がそう答えたとき、鳩時計が四度鳴りました。

午後四時半過ぎ。書類を携えて税務署に戻りました。署では、上司である統括官に必ず復命をします。

「納税者ご本人も奥様も税務に疎く、先生も内容をほとんどチェックしていませんでした。

先生の事務所の担当者は、奥様から預かった領収書はすべて経費に入れるよう指示されていたので、家事分も相当にあると思います」

「よし、わかった。では、三年分集計しなおしてくれ。出来上がったら私から先生に言って、不明な項目は解明してもらうようにするから。ご苦労さんやったな」

私が仕事を始めた当時は、書類を預かったら税務署内の会議室を借り、領収書などの原始記録を日付順に並べかえ、一枚ずつ内容を記録して、帳簿と突き合わせるという作業に何日もかかったものでした。

けれども、この調査の頃にはすでにパソコンがありました。表計算ソフトを使えば、簡単に集計ができるようになっていたのです。

パソコンの導入で税務調査の集計が楽になったのと同じように、会社の経理担当者や税理士事務所の担当事務員も、毎日の記帳が簡単にできるようになりました。ただし、そこには落とし穴があります。「接待交際費」や「事務用品費」など、勘定科目の番号を入力しさえすれば、帳面が完成してしまうのです。

そして、たとえ具体的な取引内容の摘要欄が空欄であったとしても決算書は出来上がってしまいます。経理担当者は、どの勘定科目を使えばいいのかには神経を使うのですが、摘要欄をおろそかにしている場合が少なくありません。

この調査のケースでも、会社の経営にはまったく関係のない飲食代、宿泊費、夫人の装飾品の購入費からクリーニング代に至るまで、あらゆるものが経費に算入されていました。

実は、この事案では、帳簿調査に入る前の聞き取りで、経営者のご家族に年頃の娘さんがいることを把握していました。

二枚のホテルの領収書は、娘さんのバレンタインデートの費用だったのです。結局は修正申告書を提出してもらい、決して少額ではない追加の税金を納めていただくことになりました——。

ごめんなさい、節税対策本ではありません

まずは税務調査がどのような流れで行われるのかを知っていただくために、一つの事例を紹介させていただきました。

そもそも税務調査とは、納税者の申告内容に誤りがないかを調べるもので、誤りがあれば

修正申告などを求めるものです。本書では、この税務調査について、いろいろと紹介していきます。もちろん守秘義務と納税者の方のプライバシーを守るため、ある程度の脚色を加えていますが（以降の事例も同様です）、流れは現実と変わりません。

ところで、ここまでページを繰ってくださったのは、どのような方でしょうか。

そろそろ税務署に入られそうだけど、どうすればいいのだろうと心配でたまらないという経営者の方でしょうか。あるいは、早期退職し、新規に事業を立ち上げようとお考えの会社員かもしれません。

さらに、「なんとか資格は取ったけれど、税務署のことはほとんど知らなくて……」と思っている新米税理士さんもおられるでしょう。また、税務には関係なくても、普通はうかがい知れない「税務署の仕事」をご覧になりたいという方もいらっしゃると思います。

もちろん、そうした方々のご期待には、ある程度応えられる内容になっていますが、もしかして、この先を読み進めていくと、効果的な節税法が書かれていると思われている方がいらっしゃるかもしれませんので、先に謝っておきます。

ごめんなさい。

この本には、節税に関するテクニックやノウハウは一切書いていません。

私は、曲がりなりにも二六年間、人生の半分以上を税務署で過ごしてきた人間です。国税調査官として税務調査という仕事をすることでお給料をもらっていました。まさに、国民が納めた税金で生活してきたわけです。それを、退職したからといって、手のひらを返したように節税のノウハウについて語ることは、私の良心が許しません。

経営者や社員の「これって大丈夫？」が税務署を呼ぶ

私は本書で、そもそも税務署はどういう仕事をしているのか、そこで働く人たちは何を考え、何をやっているのかを、主に調査官の視点から詳しくご紹介しようと考えています。

また、経営者や経理の方など直接税務調査に関係している方々には、志をもって仕事をすれば、税務調査と無縁の会社にすること、経営をすることは可能であるとお伝えしたいと思っています。

では、税務調査に入られないのはどんな会社なのでしょうか——。

それは、日頃からほんのちょっとでも、

「これって大丈夫かな?」

と思うようなことは経営者も社員も絶対にしないという会社です。

調査官は、申告審理で国税庁から送られてくる大量の資料に目を通す際も、調査先に臨場し応接室のソファーに座った瞬間も、

「あれっ?」

と思ったところから調査を始めます。

経営者や経理担当者、あるいは経費を精算しようとする社員の、「これって大丈夫かな?」は、調査官の「あれっ?」と感じるセンサーにヒットするのです。ほんの少しでも邪《よこしま》な心があれば、その心が税務調査を引き寄せます。

私が調査に行くと、

「お前が来ることになってから、うちは悪いことばかりだ!」

という方が結構おられました。

奥さんが愛想をつかして家を出ていき、そこへ税務調査の連絡が入って、やけ酒を飲んで飲酒運転をしたら警察に捕まって……。調査当日、アポを入れたはずなのに、なぜ留守なん

だろうと思ったら、実はこんな事態になっていた、ということもありました。

昨今、税務署や税務調査に関する情報は錯綜しています。

「飯田先生、これって本当なんですか？」

経営者や試験組税理士（後述）、大中小零細を問わず、さまざまな企業を相手に営業をされている会社員など、まったく違う立場の方から、同じような質問をたくさん受けるのです。

「誰かが本当のことを言わなければ」

私はそのように思い、この本を書くことにしたのでした。

「税務調査の手の内を明かすようなことをしてもいいのか？」

今度はそんな声が聞こえてきそうですが、納税者の方々からも、古巣である国税当局からも「よく書いた」と言ってもらえる内容にしたい——それくらい真剣な気持ちで書きました。

調査官目線を知る意味

私はこれまで、税理士を目指す方に向けた雑誌や、一般の書店では販売されていない経営者向けの雑誌などから依頼を受け、税務調査についてコラムを書いてきました。

その内容は、節税対策ではなく、税務調査の際の調査官の「目線」を知ることで社内の牽制効果が生まれ、自ら進んで税金を納める社風が構築され、ひいては会社の経営向上につながるというものです。

調査官が、どのような視点で、どこを見て調査を行っているのか。いわば「調査官目線」を養っていただければ、企業内でのお金の流れ、仕事の流れについてのチェック項目が明確になります。

すると、税金の納付漏れはもちろん、法や社会のルールで定められた以上の税金納付を余儀なくされるリスクも低くなります（先の「節税」とは意味が違います）。

さらに、税務調査とは無縁な会社、仕事を実現できれば、ムダな経費や作業の見直しにもつながり、社員の不正行為も未然に予防できます。

あまり税務署と関わりのない一般の方には、税務署を舞台にしたエンターテインメント小説を読むように楽しんでいただいてもいいでしょう。就活中の学生さんには、国家公務員の実態を知るためにお読みいただいてもいいと思います。

また、働きながら結婚し、子育てもしたいという女性の皆さんには、男女雇用機会均等法の申し子である私の来し方を、ご自身のライフデザインに照らして参考にしていただければと思います。普段はあまり耳にしない税務署の「本当の話」は、営業トークのネタとしてもご活用いただけるでしょう。

私は平成二五年度、近畿税理士会南支部の租税教育推進委員を拝命しました。租税教室の講師を行う際、調査官時代の経験をもとに税務調査について話をします。すると生徒さんから、とても勉強になったという声とともに、次のような感想をたくさんいただきます。

「税務署がなくなると国は成り立たなくなるということがわかりました」

「私は大人になったら、きちんと税金を払いたいと思いました」

税務調査を行うことは、課税の公平を実現するための一つの手段ですが、もう一方のアプローチとして、税務調査の本質を知っていただくことで、自ら進んで納税する社会のムードを作ることも必要だと思っています。

本書によって、一人でも多くの方に税務署の仕事を理解していただき、納税の先に、一人ひとりが活き活きと人生を送れる元気な日本があるのだ、ということをほんの少しでもお伝えできればと思っています。

目次

調査対象に「選ばれる」三つのステップ
オレンジ色を見ると嬉しくなる
無申告のサイドビジネスは、なぜ発覚したのか
聞きたいことが、調査したいこと
タレコミをするのは誰か
「あの会社は、脱税をしている」
調査されやすい社長のタイプ

第2章 税務署は突然やって来る？

すべては一本の電話から始まる
応対の態度で方向性は決まる
日程は変更しても構わない
その税理士で、本当に大丈夫ですか？
事前通知なしでも税務署はやって来る
リョウチョウやトクチョウの調査はあくまで「任意」

社員の何気ない一言がきっかけになる
調査官を燃えさせる三つの言葉
「覚えてるわけないだろ！」でガサに
「いい人」と思われて損はしない
「えっ、パソコンの中も見るんですか」
パソコンも手帳も見せないと、どうなるのか
よくわかる業界用語入門、あるいは隠語入門
調査官は帳面ではなく、人柄を見ている

第3章　調査官はランチ中も見ている……………

ランチタイムも調査のネタを考える人々
オーナーだけがレジを打つ店が抱えるリスク
ランチ価格が一律で、釣銭を積んでいる店は危ない？
壁に耳あり、隣に調査官あり
強力な権限を証明するのは

調査官が訪れるところ、どこでも常にアウェイです
誰かがやらなければいけない仕事
企業のホームページは、税務署も見ている
「税務署＝マルサ」ではない
マルサには誰も抵抗できません
話を心から聴くということ
調査先を選ぶのは、いつから？
最も本腰を入れて調査できるのは、ナナジュウニ
増差税額の多寡が出世を決める？
誰が、どうやって幹部候補に選ばれるのか
権限はあるけれど、危険も多い「トッカン」の仕事
キャリアが税務署で勤務する場合もある
調査官はお国のために働いているのか
なぜ罵声を浴びせられながら働けるのか

感情的になるという作戦は逆効果
税務調査は第一印象が大切です
税理士が前に出すぎると、時間をかけて調べたくなる
税理士にすべてを任せてはいけません
「何かを隠しているぞ」に切り込むトイレ作戦
思いもかけない副業が発覚
聞きたいことを教えてもらえない

第5章 税務署は何のためにあるのか

税務調査もリハーサルが必要
4W1Hで埋め尽くす
レジペーパーの打ち直しはどうチェックするか
同じ過ちを繰り返すと、悪質と見られる
いくら払うかより、何を間違えたか
商売人は、必ずしも悪人ではない

第　0　章

税務署の内部では、
何をやっているのか

納税相談に訪ねてきたのは、あの……

　数年以上、前の話です。

「あの〜、初めてなんですけど……」

　税務署の相談会場の机の上に書類を広げたものの、どうしていいのかわからない様子でしばらくたたずんでいた男性が、職員（四〇代、男性）に声をかけました。

　受付にいるアルバイトの女の子たちは、その男性を見てそわそわしています。

「もしかして芸人さんかな？」

　そう思いながら私は、横目でちらちらと見ていました。やっとの思いで声をかけることができた男性は、職員から申告書の書き方を教えてもらっています。

「どんなお仕事をされているんですか」

　職員が尋ねると、その男性は少しうつむき、一息おいて、

「……タレントです」

　アルバイトの女の子たちは「やっぱり！」と目配せしています。

このタレントさん（ここでは、Aさんとしておきましょうか）、当時、若手芸人として売り出し中で、関西の若い女性の間ではよく知られている存在でした。税務署には、確定申告をするため納税相談の会場に来られていたのでした。

「税務署の仕事」というと、すぐに税務調査を連想される方も多いかと思います。もちろん、プロローグに書いたように、税務調査は税務署にとって大切な仕事です。しかし、税務署の仕事はそれだけではありません。

税務調査と並んで、税務署にとって大切な仕事の一つに、確定申告があります。その確定申告期間中には、それぞれの税務署で納税相談を行っています。

納税相談のスタイルは時代とともに変わってきています。私が税務署に入ってしばらくの間は、納税者と税務署員が一対一で応対し、職員が聞き取りをしながら申告書を作成するような形式でした。

しかし、私が退職した頃には、「自書申告」と銘打って、署内の会議室を納税者に開放したり、プレハブで特設会場を設けたりして申告書の書き方を指導し、納税者自身で申告書を作成できるようにしていたのです。

タレントのAさんがいらした頃は、すでに「自書申告」になっていました。会場には大きな机がいくつも並べられ、机ごとに担当の職員が貼りついています。納税者はその場で申告書を作成し、わからないことがあれば、その机の担当の職員に尋ねます。

この場合、職員一人が数名の納税者の対応をする体制のため、積極的に質問する人は、どんどん作業を進めることができるのですが、気の弱い人は質問をするきっかけがつかめず、なかなか申告書が作成できません。

私はAさんが座られた机の担当ではなかったので、遠目に見ていました。Aさん、テレビでは元気一杯で破天荒なキャラクターなのに、税務署ではとても静かに黙って座っていました。そのためか、他の納税者の方もほとんど今活躍中の芸人さんだと気づいていないようでした。

Aさんは、何度か職員に質問しながら、なんとかご自分で申告書を作成されたようでした。

「ありがとうございました」

最初不安げにしていたのですが、申告書が出来上がったときには、晴れ晴れした表情になり、深々と頭を下げ、お礼を言って帰っていかれました。

礼儀正しくて感じがいい、Ａさんの素顔を見たような気がしました。私はその後Ａさんに注目していましたが、みるみる人気が上昇し、当時から関西の人気者ではありましたが、最近では全国放送の番組にもよく出演しています。確定申告の相談会場で見た謙虚さが、Ａさんの仕事を増やしているのかなと思いました。

税務署には、いろいろな人がやって来る

芸人さんに限らず、確定申告時期の納税相談にはいろんな方がやって来ます。

Ａさんがいらっしゃるかなり前、それは私が何度かの転勤を経験したあと着任した、ある税務署でのことでした。

先に書いたように、当時は、納税者と税務署の職員が一対一で応対していました。この頃、確定申告の時期には、署内で大規模な模様替えを行い、いつもは職員が事務を行う部屋（事務室）を納税相談の会場として使っていました。

フロアー全体に、普段は事務用に使っている机が横一列に並べられ、職員の前に納税者が座ります。受付で名前を記入した納税者には、待合室で待っていただき、順次職員の前に案

内され、申告書を作成するための面接を行うのです。

署内には、納税者が建物の中で迷わないように、床にカラーテープが貼られ、申告書を提出するだけなのか、納税相談なのか、あるいは納税に来られたのかなど、カラーテープに沿って歩けば目的地に到着できるよう工夫がこらされていました。

その日、税務署の駐車場に、まっ白な3ナンバーの車が停まりました。

運転手がドアを開けると、中から出てきたのは、高級そうなダブルのスーツに身を包んだ中年男性でした。

ゴールドのネックレスにゴールドの指輪。その出で立ちの派手な様子は、二階の相談会場の窓越しからでもはっきり確認することができました。男性は受付を済ませ、他の方と同じように、待合室で静かに順番を待っていました。

「どうか、私のところに来ませんように……」

そう願いながら、相談業務に就きました。相談会場からは、受付の待合室が死角になっていて、次に誰が案内されてくるのかはわかりません。

何人かの相談を終え、相談票に記入し、次はどんな納税者の方かなと頭をあげると、私の目の前には、その男性が案内されていました。

最低の税金はいくら払ったらいいんだ？

男性は、パイプ椅子にドカッと座ったかと思うと、足を組みなおし、なめるような目で私を下から上まで見てから、

「へぇ～、税務署にこんな姉ちゃんがおったんか。わしなあ、生まれてこの方、今まで一回も申告したことないんや」

（そっ、それはどんな事情が……。もしかして、シャバにはおられなかったということ？）

そんなことを面と向かって聞けるわけもなく、どう切り出せばいいかと迷っていたところ、男性が話を続けます。

「そやけどな、来年、せがれが小学校に上がりよるんや」

「はっ、はあ～」

「やっぱり、あれやろ、納税は国民の義務やろ。せがれが小学校入るとなったら、やっぱり税金の一つも払ろとかなあかんやろと思てな」

「そうなんですね。息子さんが小学校に入学されるんですね。おめでとうございます」

五十代後半と思《おぼ》しきその男性は目を細め、

「おお、そうや。初めての男の子なんや。息子にはなあ、ひとさんから後ろ指さされるようなことはさせたくないんや。わかるかあ！」

「はっ、はい、親御さんのお気持ち、よ〜くわかります」

「お〜、姉ちゃん、よう話わかるやつやなあ。わかったらそんでええ。じゃあ、何書いたらええか教えたってくれるか」

「では、どんなお仕事をされているか、お聞かせいただけますでしょうか」

「どんなお仕事？　そんなことなんでいちいち言わなあかんのか」

「えっ……。いえ、何かお仕事をされて、お金をもらわれて、それに対して税金がかかる仕組みなので、まず、どんなお仕事か、お聞きしないと計算ができないんですけど……」

「めんどくさいなあ」

「収入から経費を引いて、その金額が基礎控除より少なかったら、お支払いいただく税金は発生しないことになります」

「何言うてんねん。わしは税金を払いにわざわざ税務署まで来たってんねんぞ。四の五の言わんと払う金額を書いたったらえんとちゃうんか」

ふと後ろを振り返るとトーカン（先述の統括官、つまり上司）が、その男性と私のやり取りを聞いていていました。

「税金を納めたいということでいらっしゃった……」

「おおそうや。最低の税金って、いくら払ろたらええんや」

「最低の税金は一〇〇円ですが……」

「一〇〇円⁉　子どもじゃあるまいし、アホなこと言うな！　そうやなあ、ほな、一〇〇〇円払うわ」

「……」

もう、すっかり昔話ですが、二〇年近く前には、こんなこともあったのでした。

そういえば、今では高名な作家さんが、デビューしたての頃に納税相談にいらして、職業を聞かれ、「作家です」とお答えになったところ、税務署の職員が、「サッカー選手ですか、それは大変ですねえ」とコントのようなやり取りがあったという話も税務署では伝わっています。

確定申告の時期、税務署では、さまざまなドラマが繰り広げられています。

署によって、訪れる人にも特徴がある

ここまでご紹介したように、いつもは日中ひっそりとしている税務署なのですが、確定申告の時期には、たくさんの納税者が訪れます。

私は退職するまで、いくつかの税務署に勤務しました。すべて大阪国税局管内の税務署だったのですが、それぞれに特徴があり、署によって、確定申告のときはいろいろなタイプの納税者が来署します。

「今年も一番に来ましたんや」

毎年二月一六日の朝一番に確定申告をすることを誇りにしている納税者が訪れる署がありました。

また、ある署では、「ちょっと、はよ教えてんかあ！」と、毎年、確定申告の最終日の午後五時前ぎりぎりに、書類をどっさり持ってきて、そこから計算を始める納税者がいて、「う

わあ、やっぱり今年もこの日に来たあ」と、誰が担当するか顔を見合わせるということもありました。

今、振り返ると懐かしい思い出ではありますが、確定申告は税務調査とはまた違った大変さがありました。

税務署で働く職員たちは、毎年、三月一五日（確定申告時期）が終わると、本当にやれやれという気持ちになったものです。

個人事業主の事務年度は、一月一日から一二月三一日と決められていて、翌年の二月一六日から三月一五日までに確定申告の書類を提出することになっています。

この時期は、署をあげてその事務にあたります。法人課税部門では引き続き税務調査を行う部署もあるのですが、原則、署全体が確定申告モードに入るわけです。

確定申告で体調を崩す職員たち

実は、ここだけの話（と、本に書いてしまっていますが）、私はこの確定申告の時期があまり好きではありませんでした。

いつもは不正を働いていると思しき経営者のところに行って、修正申告書を提出してもらえば一件落着です。けれども、確定申告の時期は、一カ月間、ずっと署内に缶詰で、一日中納税相談をしなければなりません。

最近はどうなのかわかりませんが、私が退職した当時は、「納税者には座っていただき、職員は立ったまま肩越しに指導すること」となっており、一日中立ちっぱなしで、足はパンパンに腫れるし、腰も痛いし、ということで体調を崩してしまう職員も少なくありませんでした。

近年、給与所得者の還付申告が一月一日から提出可能となったことがマスコミで報道され、税務署は二月一六日を待たず年が明けると、すぐに確定申告の体制を整えなければならなくなりました。

確定申告の受付は一月一日から始まり、三月一五日で一応終わるのですが、その後の事務処理は四月まで行うことになります。

私が税務署に入って一番驚いたのは、確定申告後の「編てつ」作業でした。

電子申告が導入されてから確定申告後の事務処理量はかなり減ったと思うのですが、それまでは確定申告書は職員が手作業で「編てつ」といって冊子に綴じ込む作業をしていました。

当時の確定申告書には添付書類が貼りつけてある場合がほとんどだったので、機械で番号を読み取って順番に並べかえるようなことはできません。

個人事業主の確定申告書は納税者番号によって整理されます。納税者番号は七けたの数字からできています。最初の二けたの数字が五十音になっています。

「あ」から始まる人であれば、「１０‐×××××」となり、「い」の人は最初の二けたが１２、「う」の人は１４、「え」は１６、「お」は１８、以下、「か」は２０、「さ」は３０……。

こういう法則で番号がつけられているのですが、何万枚もある申告書を全部順番に並べるには、まず上から二けたで大分けし、次に中分けし、という具合に段階を追って番号順にしていきます。このような作業をするにはたくさんの人数が必要で、この時期はアルバイトもたくさん来ます。

というわけで、一月から四月頃までの間は、特に個人事業主の税務調査はほとんどなく、法人の調査も少なくなります。

ちなみに法人の事務年度は、それぞれによって違いますが、四月から三月までのところが多いと思います。その場合三月末に決算を行い、その二カ月後、五月末が確定申告の提出期限となります。

なぜ還付申告は、あっさりしているのか

公務員は、国民が納めた税金の使い道を考えて割り振りをするのが仕事。そんな公務員の中にあって、現場で税金を集める仕事をしているのが税務署です。さらに、納税者から預かった税金を返すのも税務署の仕事です。

この本を手にされたあなたが会社員であっても、一度は確定申告をされたことがあるかもしれません。いわゆる「還付申告」と呼ばれているものです。病院に入院して多額な医療費を支払った場合、住宅ローンでマイホームを購入した場合などがそれにあたります。

最近では、還付申告に関する本が出版されたり、雑誌で特集を組まれたり、テレビ番組でも取り上げられたりしていて、税金の還付についての関心が国民の間でも高まっているようです。

そこで税務署では、会社員が還付申告をする場合の要望に応えるべく、日曜日にも税務署を開けたり、市民会館や商業施設で還付申告の受付業務を行ったりすることで、サービスの向上に努めています。

この還付申告、会場に出向くと、ほとんど内容をチェックされることもなく、ポンポン受付印を押して受け取ってくれることに対して不安に思われたという方が、いらっしゃるのではないでしょうか。

還付申告会場で受付の担当をしているのは、ほとんどがアルバイトさんです。何かトラブルがあったときのために、必ず近くに職員がいるとは思うのですが、受付のアルバイトさんの仕事は、「申告書を受け付ける」ことのみです。だから、あっさりと受け取ります。

まずは、申告書を受け付けて、詳しい内容については後日、税務職員が一枚一枚チェックするのです。

会社員も、一枚のはがきで呼び出される

「ちょっと待ってるんで、ここで合ってるかどうか内容もチェックしくれませんか？」

私が税務署で働いていた頃は、還付申告の会場の受付のところで、そんなことを言う方も中にはいらっしゃいました。しかし、会場にはたくさんの納税者が来ていて、もし一人でも例外を認めて対応してしまうと、「待っていたら、その場で内容をチェックしてくれるんだ！」ということになり、受付の前に長蛇の列ができてしまいます。

個人事業をしている人などが確定申告をする場合は、申告納税制度に基づき、それぞれが算出した納税額を納めるので、細かな内容のチェックは後日ということになります。

還付申告は、源泉徴収制度により、すでに納めていただいている税金の払い戻しです。この場合、三月一五日まで申告書をため込んで一斉にお金を払い戻すのではなく、申告書が提出された日付の順に検算をし、チェックが終わり次第、お金を振り込む手続きを進めていきます。

還付申告は年末調整が終わっていることが前提になっているので、チェックについては、医療費控除や住宅ローン減税控除などの項目を重点的に行うことになります。

医療費の場合、合計金額が合っているのかはもちろん、違う年分の領収書が含まれていないか、生命保険などの補てん金を差し引きして計算されているか、医療費以外のものが含まれていないかなどをチェックします。

住宅ローン減税控除の場合は、添付書類が多くチェック項目も多くなります。還付金が確定した場合、税務署からはがきが届きますが、還付申告を提出した年は、税務署からどんなはがきが届くか注意しておかなければなりません。もしかすると、それは税務署に来てくださいという呼び出しのはがきかもしれないからです。

チェックをしたうえで、計算誤りや添付書類漏れなどがあった場合、「確定申告についてお尋ねしたいことがあります」というような文書が税務署から届きます。会社員の場合、税務署から郵便物が届くと、「何事か！」と驚くかもしれませんが、まずは、どんなことを聞きたいと思っているのか電話で確認するといいでしょう。

はがきでは、「○月○日、お越しください」というような文面になっていても、内容によっては電話で済むかもしれません。

本当に電話で済むのか、心配の皆さん。大丈夫です。税務署のホスピタリティは公務員の中でもピカイチと言われています。面倒がらずに電話をしてみてください。

できれば担当したくないユーウツな仕事

還付申告の計算誤りの処理をする仕事を「還付留保」と呼んでいます。各税務署では、すべての還付申告書を検算し、誤りがあると思われる申告書は、「還付留保」担当職員のところに集められます。

確定申告の時期、税務署の職員は、受付、還付会場、納税相談会場、出張相談会場というように、毎日担当を替えて、人によって仕事の負担が偏らないように工夫されていました。けれども、私が在職していた頃、「還付留保」に関しては、何度かその納税者とやり取りをしないといけないこと、追加で送られてきた添付書類の保管をしないといけないこと、内容や解釈の確認など一回の対応では終わらないケースもあること、などから、確定申告の期間中は、ずっと同じ職員が担当することになっていました。

お金を返してもらえると思っている納税者に対して、「いやいや、計算が間違っているので、返せませんよ」と伝えなければいけないわけですから、双方とも気持ちのいいことではありません。揉めることもあります。

仕事について好き嫌いを言ってはいけないとはわかっているのですが、「還付留保」の担当を申し渡された年の確定申告は、結構、気が重かったことを思い出します。

「税金はかからない」と言われたつもりだけれど

会社員のところには、還付申告をしていなくても税務署からはがきが届く場合があります。その年だけ臨時に収入があった場合、「申告するのを忘れていませんか」というお尋ねのはがきです。それは、

「○○年分の所得税の確定申告について」

というような表題になっています。たとえば、生命保険の満期返戻金を受け取った場合などがそれにあたります。

生命保険は、契約の仕方によって課税の方法が異なってきます。

「えっ、それってどういうこと？」

と思われた方。ここではそれぞれの契約の仕方の課税処理の方法については細かく書きませんが、契約内容について不安に思われた方は、一度、ご自身が加入されている保険の契約

の内容を確認されたほうがいいかもしれません。

「契約するとき、営業マンは税金がかからないと言ってたのに……」

と言ってもあとの祭りです。生保の営業担当者は口頭で説明していたけれど、聞き違い、思い違いをしていたという場合がほとんどです。確定申告の期限内に気づいて申告を済ませていればいいのですが、税務署から通知を受けてから申告すると、無申告加算税という余計な税金を払うことになってしまいます。

なぜ、生命保険の返戻金など、個人収入が税務署にわかるのだろうかと不思議に思われたかもしれません。実は、税務署には毎年、国税庁からさまざまな法人や個人の取引内容などについて記された「資料せん」という書類が大量に送られてくるのです。

一度でも税務署に確定申告をしたことがある人には、納税者番号という番号がつけられているので、その資料せんに記された取引内容について、申告されているかどうか確認することができるというわけです。

けれども、会社員など源泉徴収で納税が終わっている場合は、確定申告をしていないので、本人にその内容を確認するということになります。このような処理を「事後処理」と呼んでいます。

一件あたりの追加の税金は、臨場調査に比べると少ないのですが、申告漏れの内容がピンポイントで明確なこと、税務署に居ながらにしてたくさんの件数をこなせることから、「事後処理」も税務署の中の大切な仕事の一つとなっています。

お金が入ったら、すべて税金がかかると思ってちょうどいい

生命保険の満期返戻金の受け取りはその年限りのことになりますが、「会社員だけれども、専門的な知識がある」ということで、講演を頼まれたり、原稿を書いたりして報酬をもらう人も中にはいます。そういう人の場合はどうでしょうか。

「二〇万円以下だったら申告はいらないって聞いているけど……」

よくご存知です。所得税法では、給与所得者が年間二〇万円を超える所得があった場合は、確定申告をしなければならないと謳っていますが、一方で、所得金額が二〇万円以下であれば確定申告は必要ないということになります。

それでも、年間所得が二〇万円を超えるかどうかは一年が終わってみないとわかりません。

ご存知だとは思いますが、「収入」から「経費」を差し引いた残りが「所得」金額となります。ですから、講演料や原稿料などの「収入」がある方は、必要経費についてはきちんと記録しておくことをお勧めします。

たとえば、講演に必要な資料の購入費や原稿執筆のための取材費用があれば、これをレシートや領収書とともに、きちんと記録しておくのです。

必要経費の記録がないと、収入イコール所得と認定されて、全額課税の対象になってしまうことになります。

「そんなこと、もっと早く言っといてくれたら、ちゃんとしてたのに……」

私が税務署員だった頃、調査に行った際も、「事後処理」の対応をしたときでも、そのような話をよく聞きました。

もちろん、そう話す方のほとんどに悪意はありません。たとえが極端かもしれませんが、交通ルールに置き換えて考えてみてください。信号無視で警察に捕まったとき、

「赤信号で渡ったらダメだなんて知らなかった」

これが通らないのは幼稚園児でも知っています。

「これに税金がかかるなんて知らなかった」

同じように、これも通らないのです。

どういう所得に、どういう税金がかかるか知らなかった人が多数いるのは想像できます。

でも、なにがしかの代償として、そのお金を手にしたとき、その人はおそらく、

「これって大丈夫かな？」

と思っているはずなのです。

一部、非課税所得として法律に謳われているものはありますが、お金をもらったら、なんでも税金がかかるのだと思ってもらってちょうどいいと思います。

「このお金にはどんなふうに税金がかかるのだろう」

こういう意識を持つことが、税務署からの呼び出しを受けないことにつながると思います。

第　1　章

調査案件は
こうして選ばれる

『踊る大捜査線』のベテラン刑事のような人

ある年、ある日の税務署内のワンシーンです。

「上席、どうやってタマを選んでおられるんですか？」

私が質問をしても、上席はニヤニヤするだけで、答えてくれません。事務官だった私は仕方なく、再びわからないまま調査カードに資料せんを挿入する作業を続けます。すると同じ島の先輩調査官が横から口を挟みました。

「あのなあ〜。それはな、臭うんや」

先輩調査官がちょっと自慢げに話すと、上席は調査カードのほうに視線を向けたまま、ゆっくりとうなずいていました。

頃は七月。税務署の事務年度が七月一日から六月三〇日だということは、あとでお話しするとして、定期異動が終わると、税務署では職員の入れ替えとともに税務調査の「タマ」も選びなおします。

ちょっと言葉の整理をしておきます。ここで記したシーンでは、税務署で働く人について、

「上席」「調査官」「事務官」といろいろな呼び名が出てきます。

本書ではこれまで、ほとんど「職員」と書いてきました。税務署で働くすべての人は「職員」と表すことができます。ですが、これ以降、調査担当者に限っては「調査官」とします。

この項目の冒頭に出てきた「上席」というのは、平たく言うと、「ベテラン調査官」といったところでしょうか。人気を博したドラマ『踊る大捜査線』で言えば、いかりや長介さんが演じておられた和久さんという感じです。職人気質で現場一筋何十年という人をイメージしていただけるといいかなと思います。

警察署も税務署も、同じ「署」と名のつく機関だけあって、組織の構造的にも似通ったところがあるようです。その点については、またあとでご紹介することにしましょう。

調査対象に「選ばれる」三つのステップ

「どんな会社が調査に選ばれやすいんですか？」

これは一番よくお受けする質問です。

名刺は初対面の方との会話を始める、最も重要なアイテム。私は現在、自分自身が立ち上げた一般社団法人の代表理事をしているのですが、名刺に私個人の信頼の証として国家資格である「税理士」も併せて記載しています。税理士業務は一般社団法人の業務内容とかけ離れた感があるので、

「えっ、税理士もやっておられるんですか？」と言われます。

「いえ、一般的な申告書作成や記帳業務はしていないんです。実は、元国税で勤務していて、それで退職後、税理士登録をさせていただいたんです」

こう答えると、「どんな会社が調査に選ばれやすいのか」を聞かれることになるのです。

もし、この質問を私が国税調査官をしていたときに投げかけられていたら、どう答えていたでしょうか。

「どんな会社が税務調査に選ばれやすいか？　そんなことがわかるんなら、こっちが教えてほしい」と言ったに違いありません。

調査官は日々、どの会社に不正があるのか、どこを調査に選べば、追加の税金をたくさん納めていただけるのかを考えています。「それがわかるのであれば教えてほしい」というのは一般の方々が疑問に思うところでしょうが、大半の調査官自身もそのように思っているは

ずです。

「どんな業種が調査に選ばれやすいのか」という質問もよくお受けします。これも同じことです。同じ業種であっても薄利多売な会社もあれば、付加価値をつけて数は多くなくてもいいものを提供するというポリシーで事業を展開している会社もあります。

会社の経営方針は、その経営者の考え方によるものであり、業種だけで調査に選ばれやすいかどうかを決めることはできません。

とはいうものの、国税当局では実際に調査に着手するまでの手順というものがあります。それは「準備調査」と言われているのですが、次のような三つのステップを踏みます。

ステップ①机上調査――現在、国税庁はＫＳＫというシステムを導入しています。国税総合管理（ＫＯＫＵＺＥＩ　ＳＯＵＧＯＵ　ＫＡＮＲＩ）システムの頭文字を取ったものです。英語ではありません。ＮＨＫが日本放送協会の略なのと似ています。

国税庁は、近年の経済取引の複雑化・広域化など、税務行政を取り巻く環境の変化に対応しつつ、税務行政そのものの高度化・効率化を図り、適正・公平な課税の実現を目指しため、地域や税目を超えて情報を一元的に管理するコンピュータシステムであるKSKのシステムを導入しています。全国五二四のすべての税務署が一元的なコンピュータのネットワークで結ばれているのです（国税庁HPから一部引用）。

KSKには、毎年提出される申告書のデータはもちろんのこと、調査官が実際に見聞きした情報もデータ化され蓄積されています。

たとえば、調査官がマイカーで初詣に行った際、駐車場がなくて困っていたとします。すると、この調査官を親切に誘導してくれる男性がいました。彼に導かれ、到着したのは民家の庭先。あたりを見渡すと、すでに数台の車が停めてあり、そこまで誘導してくれた男性とは別の人物が、

「一〇〇〇円頂戴します」

というので素直にお金を渡します。すると男性は受け取った千円札をおもむろにポケットに入れ、

「ありがとうございます。気をつけてお参りを！」

と言いながら次の車の参拝客に駆け寄っていきました。

さて、このお話は何を物語っているのでしょうか。

初詣は毎年恒例の行事。その民家に住んでいる人は、毎年のこの時期に路上駐車する参拝客が多くて、うんざりしていたのかもしれません。そこで、こんなふうに考えました。

自分の家の庭は結構広いし、お正月は息子も実家に帰ってくるから、手伝ってもらえば、車の一時預かりができる。参拝に来る人は、少しのお金を惜しんで路上駐車をして駐禁を貼られるなんて、年始早々縁起が悪いと思うから、少し高めの値段設定でも駐車料を払うだろう。領収書を渡すのは面倒だからやめておこう……。

こんなロジックで、参拝客の自動車の一時預かりは、この民家の毎年恒例の臨時収入源になっているかもしれないのです。

そこで、この場合、調査官は記録を残すことになります。

【収集者】〇〇税務署　〇〇部門　〇〇
【日時】〇月〇日〇曜日、〇時～〇時
【場所】〇〇県〇〇市〇〇町

【氏名】○○
【内容】○○神社近くで臨時に青空駐車をさせている。1時間1000円。従事者60代男性1名と30代男性1名。売上金はポケットにしまい込んだ。領収書の発行は無。

調査官はそのとき知り得た事実をメモし、税務署に出勤したら、その内容をKSKに入力します。KSKにはこのようにさまざまなデータが蓄積されています。それを一つひとつ丹念にチェックしていくのが机上調査です。

ステップ②外観調査――外観調査とは、その会社の様子を外から見て、不正を働いているかどうかの判断材料にしようというものです。

経営者の自宅や事業所などについては、税務署に提出されている申告書からわかります。外観調査では、調査官が経営者が毎日歩いているであろう自宅から事業所までの同じルートを辿ることで、道中にある金融機関を把握することができます。

また、事業所の外観調査を行った際、前回の調査では取引先としてあがっていなかった会社の軽トラックが停まっている場合があります。調査官はその軽トラに書いてある会社名とナンバーをメモし、署に戻って検索をします。簿外取引の相手である可能性が高いと判断した場合、それが決め手となって調査着手となることもあります。

ステップ③内偵調査——会社を外から見るだけでなく、実際に客として店に入ったりして、その実態を把握するために調査することを「内偵調査」と言います。現金商売や店舗展開をしている会社の場合、内偵調査を行うことが多いのですが、黒っぽいスーツを着た、見慣れない一見客は経営者の印象にも残っていることがあるようです。内偵調査に行ったお店へ、税務調査で実際にうかがったところ、

「この前、お客さんとしていらしてましたよね」

こう言われることは珍しくはありません。

オレンジ色を見ると嬉しくなる

ステップ①の机上調査について、補足説明をしましょう。

先にも書いたように、毎年、税務署には国税庁から大量の「資料せん」が送られてきます。事務年度の初めには、一人ひとりの納税者ごとに作成された調査カードに、資料せんを挿入する作業を調査官が全員で行います。

まずは、すべての調査カードに資料せんの挿入が終わったら、今度は一件一件、当初申告されている内容と資料の内容を照合していくのです。

前述のKSKが入ってから、資料せんはデータ化されたものがアウトプットされるようになり、ちょっと見ただけでは内容がわからないようになってしまいました。

けれども、一昔、ふた昔前の資料せんは収集方法によって色や形が違っており、一目でどんなものかが判別できるようになっていました。

「実地調査資料せん」は、確かオレンジ色の枠だったと思います。実際に調査に行った先で収集された資料なので、殴り書きのようなものだったり、ボールペンではなくマジックで黒々とした文字で書かれていたり……。「実地資料せん」はまさに生きた資料だったのです。

調査のタマとしてトーカンから渡された調査カードの中に、オレンジ色の資料せんがたくさん入っているということは、表には出ていない情報がたくさん入っているということなので、ちょっと嬉しい気持ちになったものでした。

赤色の枠の資料せんは法定調書だったと思います。法定調書は、法律で提出することが決められている内容のものなので、支払先の経理担当者が綺麗な文字で記入しています。払った側も、もらった側も、そのことはわかっているので法定調書の内容が申告漏れになることはあまりないのです。

無申告のサイドビジネスは、なぜ発覚したのか

調査カードに、たまに細長い資料せんが挿入されていることがありました。これは機動官と呼ばれる職員たちが収集したものでした。

現在でも、機動官という仕事があるのかどうかわかりませんが、昔は、比較的大きな税務署の場合、一年中資料収集を業務としている人がいました。それが機動官です。いくつかの署の機動官がチームを組んで、大量に情報がとれそうなところを開拓しては、資料を集めるのも重要な仕事です。

普通は資料せんという決まった形の用紙に記入するところを、機動官が収集する資料せん

の数は大量なので、入手した一覧表を短冊のように切り取ってそのまま資料として活用していることもありました。

収集先を明らかにしないという条件で資料提出の協力を得た場合は、「収集先秘」となっていたためで、その資料せんが入っていると、こちらも身が引き締まる思いがしたものです。また、必ず活用実績を報告しないといけない資料せんもありました。新規に開発し収集した資料せんはそうだったように思います。

インターネット取引が始まり、世の中に広がってきた頃、取引金額ではなく宅配便の受け払いの多いものについてピックアップしたことがあります。

ある会社員の方の場合、ネットを使って物販などをしていました。サイドビジネスのつもりがどんどん売上が増えて、表に出すタイミングを失い、そのまま無申告を続けていました。サラリーマン家庭であるにもかかわらず、宅配便の利用頻度が多く調査の選定にあがったのです。売上金額は一目瞭然。預金通帳の入金を合計すればわかります。商品は蚤の市などで現金で仕入れていました。

今でもそうだと思うのですが、蚤の市などで領収書を発行することはあまりないでしょう。

必要経費の計算ができないと、そのままストレートに売上を所得とするのも酷なので、可処分所得から所得金額を算定することになります。

年間の食費、自宅のローン、教育費、保険料、自分の小遣い、積立などから調査金額を計算していくこともあるのです。

趣味の延長の小遣いかせぎという軽い気持ちで始めたサイドビジネス。一年、二年、申告をしなくても何のお咎めもないのをいいことに無申告を続けていると、儲けたお金を使い果たした頃にやって来るのが税務署です。

税務署がやって来て、無申告が発覚すると、三年分、五年分、悪質であれば七年前までさかのぼって追加の税金を払わなければならないという事態にもなりかねないのです。

聞きたいことが、調査したいこと

調査のタマが選定されるのは、資料せんとの突き合わせによってだけではありません。過去からの決算書を並べてみて、その流れから不正を想定することもあります。

ＫＳＫでは、提出された申告書のデータからさまざまな分析を行い、いろんな数値を出しています。その数値が、「標準値」から大きくかけ離れたものになっていると、調査対象にあげられやすくなるのです。

たとえば、売上が順調に伸びているところがあれば、なぜ売上を伸ばしているのかを聞きに行きたくなりますし、新たに資産を購入したという場合は、なぜその資産を購入したのか、その購入資金の出どころはどこなのかを聞きに行きたくなります。

つまり、税務署がさまざまな数字を見て、少しでも「なんでだろう」と疑問を感じた場合、「どんな内容なのか聞きに行きたくなる＝調査対象にあがりやすい」となると考えていただいていいかもしれません。

調査官時代、名医と呼ばれる方のところに税務調査に行ったことがありました。全国から患者さんが来られるその名医の方に、

「どうやって病気を見つけられるのですか？」

とお尋ねしたところ、返ってきた言葉が、

「お宅らも同じでしょ。長年やってたらわかるようになるんですわ」

というものでした。まさしくこれが、先輩調査官が口にして、上席もうなずいた、「それ

は、臭うんや」ということだったのです。

一度身についた勘とは恐ろしいもので、私は、調査官でなくなった今でも、名刺交換しただけで、「この人はやってるかも……」とわかるようになってしまいました。

タレコミをするのは誰か

三つのステップを踏んで、実地調査対象に選ばれるのはご説明したとおりなのですが、実は、もう一つ別な流れで調査に選定される場合があります。それは、投書や「タレコミ」と言われるもの。つまり告発です。

一般の企業において、クレーム対応やクレーム処理は大切な仕事の一つでしょう。国税当局への投書やタレコミの処理は、この一般企業のクレーム処理に似ています。いったん当局に寄せられた投書やタレコミは、どんなにつまらない内容であっても、実際の調査につながるかどうかは別として、一〇〇パーセント処理しなければなりません。

投書やタレコミについては、会社経営者の元奥さん、元愛人、あるいは元右腕だった役員、さらに元従業員などから多く寄せられます。そして、これら内部事情に詳しい人からの情報は確かな場合が多いのも事実です。

「知り合いの社長が、何も悪いことをしていないのにマルサに入られたと言っていました。そんなことがあるのでしょうか」

そんな質問を受けることもあります。これもひょっとすると、社長のごく近くにいた近親者や関係者が告発をしているのかもしれません。それまではとても近くにいて強い信頼関係で結ばれていた人に限って告発をするようになるのは、なぜなのでしょうか。

「ここまで会社が大きくなったのは、私がいたからなのに……」

社長の近くにいた人のこういう思いが、告発につながっているのではないかと思います。あとで詳しく書いているのですが、税務調査に入られにくい企業の体質は、まずは、社員同士のコミュニケーションがよいことが特徴になっています。

経営者は、ともに会社を大きくするために頑張ってきた人には、特にいつも感謝の気持ちを伝えること、その働きに報いることを忘れると、思わぬ反旗を翻されます。

「金の切れ目は縁の切れ目」とはよく言われる言葉ですが、私の経験からすれば、元奥さん、元愛人などには、経営者が思っている以上にきちんとした対応をしないと、特に恨みを買うことが多いように思います。

「あの会社は、脱税をしている」

これはまだ一番下っ端の事務官だった頃の話です。調査部門に配属されたものの、内勤だった私の仕事は、誰よりも早く出勤してフロアーすべての机を拭くこと、上司や先輩職員のマイカップを覚え、朝の業務開始前と三時に数十人分のお茶を淹れること、そして窓口業務と電話の応対でした。

ある日、中年と思しき女性の声で電話がありました。

「どんだけ待たせんねんな。待ってる間も電話代かかってるねんで。わかってんの！」

税務調査では、不正を見つけて経営者や税理士に強い口調で応対することもありますが、窓口業務や電話の応対では、そんなことはめったにありません。職員のほうが納税者からお叱りを受ける場合がほとんどです。

「ちょっと、聞いてんの？」

女性はかなり興奮しているようです。

「はい。聞いています。どのようなことでしょうか」

「あのなあ、○○市○○町の××工業やけどなあ」

女性は一つ大きく深呼吸をしてから、今度はひそひそ声で言いました。

「ダ・ツ・ゼ・イ……。脱税してんねん」

「えっ、脱税ですか……」

私はちょっとびっくりして、その言葉をオウム返ししました。

すると、隣の席の「お局様」が私に目配せをしました。細かな内容を聞き出すまで電話を切るなという合図です。

「そやから、××工業が脱税してるって言うてんねん。あんた、ホンマに税務署の人間か。一回しか言わへんからちゃんと聞いときや。××工業の社長の自宅の寝室のベッドの頭のほうに小さい引き出しがあるわ。そこにパスポートとか実印が片付けてある。そのパスポートの下に通帳が入ってる。その通帳に振り込まれてる売上は全部申告してへんねん。で、いつ調査行ってくれるん?」

「えっ、あっ、あの、それはまだわかりませんが……」

「何言うてんねん。こっちは情報提供してるんやから、いつ調査行って、なんぼ税金取ったかちゃんと報告してくれな困るんや」

調査されやすい社長のタイプ

電話をかけてきたのは、その会社の経営者の元妻でした。自分の現住所も名前も告げ、調査の結果を報告するように言ってきましたが、もちろん、どの企業に税務調査に行くのか、いくら追加の税金を納めることになったのかについて、税務署が一個人に知らせることはありません。

この電話の主のねらいは明らかです。税務調査という手段を使って、元夫への復讐をしようと思いついたのです。

私の経験では、たとえ離婚していなかったとしても、税務調査の対象となった会社の経営者は、夫婦仲が悪いというケースが少なくありませんでした。

創業当初は夫婦二人で力を合わせて事業に励んでいたものの、会社が成長すると、経営者は忙しくなって家庭も顧みず、外との付き合いも増えてくることがあるのでしょう。それが接待であれば仕方がない面もありますが、仕事とは関係のない交際費、場合によっては、妻には決して明かせない付き合いにかかったお金の領収書も接待交際費として蓄積されているケースがありました。

妻のほうも、毎日、帰りが遅い夫に対しての不満が募ります。

女性の場合、満たされない気持ちを消費で埋めるというのはよくある話。ストレス解消のためにブランドものを買いあさり、その領収書を接待交際費として計上したために経費がかさみ、売上の増加が所得金額に反映されていないという理由から税務調査に選ばれるということもありました。

「どんな会社が税務調査に選ばれやすいのか？」

この質問への答えとしては、

「自分一人で会社を大きくしたような顔をしている経営者、人間に対して冷たい経営者の企業が選ばれやすい」となるのかもしれません。

第　2　章

税務署は
突然やって来る?

すべては一本の電話から始まる

入念な準備調査の末、この会社に調査に行くぞと決まったら、調査官は「事前通知」をすることになります。「事前通知」はほとんどの場合電話で行います。

私は調査官になりたての頃、「事前通知」はドキドキで、気合いを入れないとなかなか電話をかけることができませんでした。

「もしもし、こんにちは。○○税務署の○○部門の飯田と申します。株式会社○○様でしょうか。社長の○○様いらっしゃいますでしょうか」

相手になめられないよう、淡々と、事務的に、やや高飛車な感じで、でも丁寧な言葉遣いで、といつも心がけていました。

「税務調査のご連絡でお電話させていただきました。○月○日、○月○日、○月○日のいずれかでおうかがいしたいと思っています。税理士さんと日程調整をしていただいて、折り返しお電話をいただけますでしょうか」

電話に出られた事務員の方にここまで言えたら、ひと仕事終わった感じがしたものです。

「えっ？　税務調査の事前通知って、税理士さんのところにするんじゃないの」

これまで税務調査を受けた経験のある方は、そう思われたのではないでしょうか。

税理士への「事前通知」について、昭和三七年九月六日付税理士法関係通達「税務調査の際の納税者および関与税理士に対する事前通知について」では、「納税者に対する通知と合わせて、その関与税理士に対しても通知」となっており、「まず、税理士に連絡すること」とはどこにも書いていないのです。

実際には、納税者に「事前通知」をしても要領を得ないこともあって、調査担当者の判断で税理士に連絡する場合が多いことから、「事前通知は必ず先に税理士にされるもの」と思っている人もいるようです。でも、制度的にそうなっているわけではありません。

つまり会社を経営していれば、いつ何時、税務署から直接電話がかかってくるのかわからないということです。

応対の態度で方向性は決まる

「事前通知」の電話をすることで、調査官は、今まで決算書という形でしか見ることのできなかった調査対象者の〝生〟の部分に初めて触れることになります。「事前通知」の電話がなぜドキドキなのかというと、その電話の受け答えからも、その会社の「社風」を感じとらなければならないからです。

「はい！　株式会社○○でございます」

電話に出たときは明るく、はきはきとした感じだったのに、

「こちら○○税務署の○○部門の○○ですが……」と調査官が口にした瞬間、声のトーンが下がり、

「はあ〜、税務署……どんなご用でしょうか⁉」

と、急につっけんどんな応対になったら、どうでしょう？

「あれ、この会社は電話の応対について社員教育をきちんとしていないな。となると経理の面でもきちんとしていない可能性があるな」と、調査官は思います。

調査官としては、電話からそのような悪印象を受けたら、実態と是非はどうあれ、調査はその方向に向けてスタートすることになります。何か一つでも引っかかることがあると、それを切り口にして、とことん調べようとするのが調査官の習性なのです。

通常、会社にかかってきた電話をとるのは一人ひとりの社員です。経営者が社員に、どんな相手からの電話であっても、きちんとした応対ができるように指導をしている会社は、すべてがきちんとなされているのだろうと感じます。そういう、きちんとした会社に対しては、調査官として、「この会社は不正を働いているかも」といたずらに悪い印象を抱くことが少なかったように思います。

日程は変更しても構わない

そうは言っても、いきなり税務署から電話がかかってきたら、たいていの人は慌てたり、焦ったりして、思わぬ応対や発言をしてしまうものです。

本書を読まれているのは、税務調査の世界とは無縁の方も多いとは思いますが、ここでは手順をご説明するため、税務署から「事前通知」電話があった場合の会社側の対応について考えてみます。

ある会社が税務署から「事前通知」の電話を受けた際に、社員がとるべき応対ポイントは以下の点について、きちんと聞くことになります。

①電話をかけてきた担当者は国税局の調査官なのか税務署の調査官なのか
②何課税の第何部門なのか
③電話をかけてきた調査官の役職とフルネーム
④連絡先の電話番号

電話を受けた社員は、このポイントについてしっかり聞き、メモをしたら、調査官から「事前通知」の連絡があったことをすぐに経営者に知らせます。そして、知らせを受けた経営者は顧問の税理士に連絡をし、日程調整を行います。

先にも書いたように、通常は、調査官は調査の日程についていくつか候補をあげてきます。経営者は、そのいずれかの日程に合わせないといけないと思いがちなのですが、すでに大切な商談が入っているかもしれません。

税務調査は、商売の妨害をすることが目的ではありませんから、そんな場合は、調査の日程を変更してもらうようにお願いをしても構いません。

「そんなことをしたら、調査官に悪い印象を与えてしまうんじゃないでしょうか」

真面目な経営者の方ほど、そのように考えるのですが、国税庁のホームページには、「事前通知」で指定してきた日に必ず調査を受けなければならないとは書いてはいません。「日程を先に延ばした」という理由だけで調査の展開が変わるものではありません。大切なのは、正当な理由があって調査の日程を先に伸ばしてほしい場合は、きちんとその理由を説明すること、誠意を持って対応することです。

その税理士で、本当に大丈夫ですか？

また、先に書いたような理由から、「事前通知」を税理士にする場合もありますが、その際に受けた対応によっても印象は左右されます。

「なんで、こんなとこ（会社）に調査に来るんですか。他の税務署からも調査を言われてて、忙しいんですけどねえ！」

顧問の税理士がこのような応対をした場合、経営者自身はそれほど不正を働いているわけではなくても、実地に調査をする前から調査官はその案件に対して悪い印象を持ってしまいます。

あとでも詳しくご説明しますが、顧問の税理士がどんな人で、税務署に対してどんな考えを持っているのかは、税務調査の際に重要なポイントになります。

税務調査を受けると、ご自身の顧問の税理士の考え方がよくわかると思います。私も臨場の際にたびたび目にしてきましたが、顧問の税理士の言動と経営者の経営理念とが食い違っているような場合が往々にしてあるのです。

「顧問の税理士さんを変えたいけれど、どうすればいいのでしょうか」という質問もよくお受けしますが、税務調査は、今付き合っている税理士をよく観察し、今後も引き続き顧問をお願いするべきかどうかを見直すきっかけにもなるかと思います。

事前通知なしでも税務署はやって来る

税務調査は「事前通知なし」で行われることもあります。

「あっ、それって『マルサ』のことですよね」

こう思われた方は相当な「通」です。

「マルサ」は、映画やドラマでもおなじみの国税局の査察部門のことです。マルサが行う調査は捜査令状を持っての強制調査ですから、当然「事前通知なし」なのですが、税務署（国税局の管轄下にあります）の調査でも、「事前通知なし」という場合があります。この「マルサ」については、あとで詳述しましょう。

税務署が行う調査は大きく「一般調査」と「特別調査」があり、一般調査では調査官が一人で調査に出向くことが多いのですが、特別調査の場合は規模の大きい事案を手がけるので「組調査」と言って複数名で調査にあたります。

特別調査の担当者は、「トクチョウ」担当と呼ばれています。毎年、定期異動で各税務署のトクチョウ担当に配属されると、その人たちは国税局に集められます。そして、国税局幹部から、こう激励されます。

「君たちは各署の調査担当者の代表です。花形として頑張るように！」

また、国税局には資料調査という係があります。略して「リョウチョウ」。資料調査の、「料」と「調」の文字を使ってそう呼んでいます。署のトクチョウでは調べられないような多額の増差所得が見込める事案についてはリョウチョウが調査をするという構図になっており、こちらもほとんどの場合、「事前通知なし」で調査を行います。

税務調査の事前通知の有無については長年議論をされてきたのですが、平成二五年一月から税務調査の手続きを定めた国税通則法の規定が施行され、場合によっては事前通知なしで税務調査が行われることもあるということが明文化されました。国税庁ホームページにも、そのことが書かれています。

つまり、多店舗展開している企業や現金商売をしているところには、リョウチョウやトクチョウが事前通知なしで調査に来る可能性があるのです。

「なんだか最近、見慣れないお客がちょこちょこ来てるなあ」と思ったらそれは調査官が内偵調査をしているのかもしれません。

トクチョウやリョウチョウが調査に着手する場合、事業所、店舗、工場、自宅、特殊関係人（いわゆる愛人）の自宅など、一斉に同時刻に調査に入ります。

リョウチョウやトクチョウの調査はあくまで「任意」

本書の読者の皆様は、事前通知もなしに調査官がやって来るような事態に遭遇することはほとんどないと思いますが、ここでも手順をご説明するため、会社側がどう対応するのがいいかを紹介いたします。

事前通知なしで突然調査官がやって来た際には、次の五つの点を実行するのが適切な応対ということになります。

①訪れた調査官にＩＤカード（身分証明書）を見せてもらう
②国税局のリョウチョウなのか、税務署のトクチョウなのか、あるいは税務署の一般調査担当者なのかを確認する
③主担（チーフと呼ばれている調査官）は誰なのか確認する
④すぐに経営者に電話をし、調査官が来たことを知らせる
⑤経営者は「調査には協力する」と言っているので経営者が到着するまで外で待っていてほしいと主担の調査官に言う

突然の事態で、いきなりこのように応対できる人は、ほとんどいないでしょうが、いずれにしろ調査官がどういう印象を抱くのかは、その後の調査に大きな影響を与えます。

黒っぽいスーツ姿の目つきの鋭い集団が、急にオフィスや自宅に訪ねて来くるのです。誰でもびっくりすると思います。でも非協力的な態度を見せると、調査を受ける会社側にとってマイナスに働きます。

①、②、③のように身元を確認されたからといって調査官は特に何とも思いませんし、④のように経営者にすぐに連絡をするのも当たり前でしょう。

では応対する社員から、⑤のように、「社長に連絡したら『調査に協力する』と言っておりました。業務の内容などについては社長が到着してから、社長よりお話しさせていただきますので、それまで外で待っていてください」と言われるのはどうでしょう。

「外で待ってもらうようになんて、調査官を邪険に扱っているじゃないか。調査が不利な展開になったりするのではないかしら」と思われるかもしれません。

マルサと違って、リョウチョウやトクチョウが行う税務調査は「任意調査」です。この「任意」とは、刑事ドラマでよく耳にする「ちょっと任意同行願えませんか」というあれです。調査対象者である経営者が了承しない限り、調査を進めることはできないのです。

社員の何気ない一言がきっかけになる

オフィスの中に入れてもらえなかったとしても、経営者が到着するまでの間に、調査官が社員に話しかけることもあります。

たとえば、調査官が若い女性社員にこう話しかけます。

「あなたは、いつ頃からこの会社にお勤めなんですか？」

「私は今年入社したばかりなので、何もわかりません」

一般の方が読んでも、おそらく何の情報性も感じられないでしょう。ところが調査官は違います。社員にとっては何気ない会話でも、調査官はこの短い会話の中から調査の端緒を導き出せないだろうかと考えています。

（申告書では、この会社の売上は毎年横ばいになっていた。それなのに、今年、新卒と思しき新入社員を雇い入れている。どういうことなのだろう？）という具合です。

経営者のことをあまりよく思っていない社員がいた場合、ちょっとした会話の中でもそのことがわかります。

「社長さんは毎日何時頃出勤されてるんですか？」

「出勤したりしなかったりいろいろですよ。先週も海外に遊びに行ってたみたいだし、私たちは毎日一生懸命働いているのに、社長は気楽でいいですよね」

「事前通知なし」の調査では、経営者よりも先に社員が調査官と接することになる可能性が高くなります。社員の何気ない一言から、調査で「痛くない腹」を探られることにもなりかねない、というわけです。

もちろん会社側として、事前通告なしに調査に来ても、適切な対応ができるようにしておくことも必要でしょう。

ただし、それ以前に、日頃から社員とのコミュニケーションを大切にしている会社、社員を大切にしている会社、社長が自らをきちんと律している会社では、突然に調査官が訪れても社員の一言で経営者が悪印象を抱かれるリスクが低くなるのです。

調査官を燃えさせる三つの言葉

税務調査は、ほとんどの場合、招かれざる客ですから、やり取りの過程で調査を受ける経営者も感情的になることがあります。

「そんな何年も前の話、覚えてるわけないだろ！」

「全部顧問税理士と経理担当者に任せてるんだ！」

「勝手に調べてくれ！」

私が調査官時代、調査先で経営者から言われてムッとした言葉を集約すると、この三つになりました。これらの言葉を聞くと、調査官魂に火がついたものです。

税務調査の進め方は調査官によってそれぞれ違うと思います。税務調査に出たての何回かは、上司についていって、どんなふうに話をするのかを見て勉強しました。

しばらくして一人で税務調査に行くようになったのですが、男性の上司と同じようにやっても、年端もいかぬ女性だし、なかなかうまくいきませんでした。

後に詳述しますが、私は初級国家公務員税務職の高卒女子一期として採用されました。当時、税務署で働く女性職員の割合は一〇パーセント以下で、私が配属された署には女性の先輩調査官がいなかったのです。

「どうすれば自分のスタイルで税務調査を行うことができるのだろうか」

試行錯誤の上、経営者自身にいろいろ質問し、話をうかがう中で矛盾を見出して、その部分を追究していくという方法に至りました。

調査官は誰もが、高飛車な態度で調査を進めると思っている方が多いかもしれませんが、そうではありません。

税務署は国の行政機関の一つであり、国民の意見を直接聞くことも大切な仕事です。私はいつも経営者のお話は、時間をかけて、よく聞くように心がけていました。

「事前通知」をして税務調査を行う場合、経営者は総勘定元帳や領収書や請求書を用意しています。私はそれらの書類を横目に見ながら、午前中はその経営者が現在に至るまでの経緯を話してもらうようにしました。

中学を卒業して、集団就職し、手に職をつけて独立された方もいました。中には、辛かった過去を思い出して泣かれる方もいらっしゃいました。

その方の人生のストーリーを聞かせていただくことで、現在の事業を始めるに至った動機や理由がわかります。どの経営者も昔話はよどみなく話します。

私が二六年間も飽きずに税務調査の仕事を続けられたのは、経営者の物語を聞かせていただけることが何より興味深かったからなのだろうと今になって思います。

もちろん、行政に対する不満を話されることも多くあります。

「俺たちのような小さい会社のことに構っているヒマがあるなら、もっと大きな不正を追及しろ」

考えやがって」

「だいたい税金の使い方が気にいらない。それなのに、庶民から金をむしり取ることばかり考えやがって」

こういう場合、私は仕事として調査をしているだけなので、「行政にご不満があるなら、ぜひ政治家になって変えてください」とお答えしていましたが、いずれにしろ、本題に入る前の経営者の口調は実になめらかです。このなめらかな口調がこの経営者の普通のしゃべり方なのだとインプットしておきます。

立会をしている顧問税理士が調査慣れしている場合、いつ本題に入るのだろうかとちょっと退屈そうな様子を見せたりするのですが、それは気にせず経営者の話をひたすら聞かせていただきます。これが私の税務調査の流儀なのでした。

「覚えてるわけないだろ！」でガサに

午後になると、いよいよ用意された書類に目を通しはじめます。

「この請求書はどんな取引だったでしょうか」

質問は、税理士ではなく、あくまで調査対象者である経営者に向けられます。

「え〜っと、これは確か……」

思い出そうとするのですが、なかなか思い出せない様子。私はその答えを待たずに、

「では、こちらの領収書はなんのための支払だったんですか」

質問はあちこち飛びます。経営者は即答できないことが続くとイライラしてくるのがわかります。

「もう一回お尋ねしますけど、この請求書ってどんな取引だったんですかねぇ」

午前中なめらかな口調で話していたのとは明らかにトーンが変わってきます。調査官である私は、たいてい答えられないであろうことについて質問を投げかけているのです。

「そんな何年も前の話、覚えてるわけないやろ！」

私の質問に答えられなくなった経営者は思わずそう口にしてしまうことがあります。

調査を進める中で不正につながる事実をつかみかけたとき、その都度、確認をします。行政に対する不満を勢いよく話されていたときのトーンと、まだすべてを語らず隠している部分がある場合の口調は必ず違うのです。

事実関係を詳しく聞き、矛盾を解明していけば、言葉を荒らげなくても、調査は進みます。

「そうですか。では、請求書の前の段階である見積書やメモを見たら、どんな内容だったのかわかるかもしれませんね。もしかすると、この部屋の中に思い出すきっかけになるものがあるかもしれないので一緒に探しましょう」

請求書などの書類を作成するに至るまでの書類のことを「原始記録」と言います。私は、経営者が覚えていないと言われるので、その手がかりである原始記録を探すために「現況調査」を始めることになるのです。

現況調査は「ガサ」と言われることもあります。ガサガサとオフィスや家の中を探しまわることです。現況調査をすると何年か前に辞めてしまった社員の認め印やかつて取引のあった会社の名刺など、帳面にはあがっていないものがどんどん出てきます。「何年も前のことを覚えているわけがない」と言われたので、現況調査をするしかなくなるわけです。

「いい人」と思われて損はしない

調査官は現金の入出金は念入りにチェックします。ラウンド数字（たとえば、五〇万円、一〇〇万円など端数のない金額）の入金を見つけたら質問するのは鉄則です。

「この入金はなんなんでしょうねぇ」

こう質問すると、経営者はしばらく考えてから、

「わしは知らん。全部顧問税理士と経理担当者に任せてるんだ！」

と言うことがあります。

そんな答えが返ってきた場合、調査官としては、（この経営者は税務や会計などに無関心なんだな。とすれば、役員や社員の勝手な判断が不正につながっているかもしれないぞ）と感じ、さらに細かく調査する必要があると考えます。

「これは何でしたっけ？　あれはどうなってると言われましたっけ？」

調査官は一度聞いたことも何度も聞くことがあります。また、経営者が本当に覚えていないことも出てきます。いろいろあれこれ言われると経営者は思い余って、

「勝手に調べてくれ！」

と言ってしまうことがあります。

そうすると、調査官だった私は、机の下で小さくガッツポーズをしたものでした。

「勝手に調べて！」と経営者が言ったのです。気になることは遠隔地の金融機関でも、遠くの取引先でも、何カ月かかっても気の済むまで調べられると解釈していました。

調査官はわざとやったのか、知らずにそうなってしまったのかを見きわめ、加算税（罰金）の重さを決める際の一つの判断材料とします。自分は〝調べられる側〟なのだということを自覚し、質問に丁寧に答えるのが賢明でしょう。

「どうして調査官って、あんなふうに人を疑いの目で見るのでしょう」

税務調査を受けた経験のある経営者の方からそういうお話をよく聞きます。

今だから白状しますが、私は調査官時代、

「商売人はみんな悪者だ！」

と思って仕事をしていました。ここでもう一度謝らせてください。

「申し訳ありませんでした」

今では、この考えは間違いだったとわかります。ですが、当時は、そうとでも思わなければ、普通の神経では、命の次に大切な人さまのお金のことをあれこれ調べるなんてことはやっていられなかったわけです。

仕事柄、仕方のないことではありますが、調査官には結構なストレスが溜まっています。税務調査を受ける経営者の方に気持ちの余裕があって、

「あなたたちも大変ですねぇ」

とねぎらいの言葉をかけてもらうこともありました。すると、

(あっ、この経営者はいい人なのかも……)

と思うこともありました。

調査官もやはり人の子です。ねぎらいの言葉をかけてもらうと、その経営者の良心に触れたような気持ちになり、この案件に関してはとことん調べる必要はないだろうと思ったりするのです。

「えっ、パソコンの中も見るんですか」

実際に、調査では、何をどこまで調べられるのかが気になる方もいるようです。

「税務署ってパソコンの中も見るんですか」

この質問もよく受けます。

答えは「Ｙｅｓ」です。

「えっ、パソコンって個人情報も入っているのに、税務署はそこまで調べる権限があるんですか？」

そんな声が聞こえてきそうです。

では、そのパソコンはどこに置いてあるか思い浮かべてください。経営者のオフィスの机の上にあると思います。

会社のパソコンは必ず経費で購入しています。そして、業務に使う必要があるから経営者の机の上に置いてあるのです。法人税法第一五三条の「当該職員の質問検査権」には、パソコンに保存されている記録を検査することができるという内容があります。

税法には、プライベートなものを検査してはならないとは書いていません。調査官がそのパソコンの中を見るかどうかは、プライベートかどうかという部分ではなく、「国税庁の当該職員又は法人の納税地の所轄税務署若しくは所轄国税局の当該職員」、すなわち、その担当調査官が、調査に必要があると判断すれば検査することができると謳っています。

オフィスなのか自宅なのかにかかわらず、担当する調査官がその場を調査の場所に選んだということは調査に必要があると判断したからなのです。

ですから、もし仮に調査官からパソコンの中を見たいと言われたとすれば、まずは調査に協力する姿勢を見せることをお勧めします。

税務調査とは、出来上がった帳面や数字の確認を行うものだと思っている方が多いようなのですが、数字を見るのは不正を発見して追加の税金を計算する段階に入ってからだと言えるでしょう。

調査官はまず、税務署に提出されている申告書の数字からその企業の実態を復元させます。次にKSK（先述しました）で収集された資料と申告内容が合致しているかをチェックします。

そこで、「どうも申告内容と実態に差があるようだ」となれば調査対象にあがるのです。わざわざ現場に行って調査を行うのは、申告の根拠となった事業の実態を確認するためなのです。

オフィスや自宅に出向く調査のことを「実地調査」や「臨場調査」と呼ぶのですが、その場合、調査官の目に留まったものはすべて調査の対象になりえます。

パソコンも手帳も見せないと、どうなるのか

パソコンに限らず、手帳を見せてもらうこともよくあります。

「えっ、手帳なんてパソコンよりももっとプライベートなことが書いてあるじゃないですか！」

と今度はお怒りの声が聞こえてきそうです。

ご安心ください。調査官はいきなり手帳を見るわけではありません。

調査官が質問をしても明確な回答が得られず、総勘定元帳を見ても、請求書を見ても、その取引の背景が明らかにならない場合、

「じゃあ、手帳になら毎日のことが記録されていると思うので見せていただけませんか」

という流れで手帳を見せてもらうことになるのです。それでも、

「手帳は仕事には関係ないので見られたくありません」

と経営者が言ったとしましょう。

その場合、調査官の立場からは、

「調査に関係あるのかないのかを確認することも含めて税務調査です。やましいことがない

のなら、なおのこと見せていただけませんか?」

と切り返すことが多いと思います。

それでも、「どうしてもイヤだ」と主張されれば、かたくなに拒否するものを無理強いするのにも限界があるので、調査官はその日はいったん諦めて帰るでしょう。

しかし、調査官は自分一人の判断で税務調査を行っているのではありません。調査に行ったら毎日必ず復命といって上司に報告をし、その後の指示を仰ぎます。その日の調査官は、上司にこう報告することになります。

「パソコンの中も手帳も、『仕事に関係のあるものはない』と言われて、見せてもらえませんでした」

すると、上司のほうはこう答えることになるでしょう。

「仕方ないなあ。じゃあ、銀行調査と反面調査に切り替えるとしよう」

銀行調査というのは、単にお金の出入りを確認するだけではありません。入金伝票の筆跡からアベック入金を発見し、借名預金を見つけたり、手形の裏書きから表に出ていなかった取引先を把握したりすることができます。

反面調査というのは売上先や仕入先、外注先などに出向き、現在調査中の会社とどんな取引があったのか事実関係を確認することを言います。

お互いが通謀して不正を働いている場合もあるのですが、何も不正なことをしていなくても反面調査に行く場合があります。すると、

「あの会社は反面調査されるような悪いことをしているのだろうか。そうだとしたらこれからは、あまり付き合わないほうがいいのかもしれない……」

反面調査に来られた得意先からはそう思われてしまうかもしれません。

「それを事前に知っていたら、パソコンだって手帳だって見せたろうに……」

この流れをご覧になって、そう思われた方もいらっしゃるのではないでしょうか。

よくわかる業界用語入門、あるいは隠語入門

「お帰り。どんな社長だった？　端緒は見つかったか？」

午後四時三〇分、臨場調査から帰ってきた調査官は、島ごとで統官に対して復命を始めます。

「納税者本人は税務の知識があまりなく、過年分の原始記録の保存が不十分だったので、現況調査を行ったところ、二種類の領収書控えが出てきました。請求書控えと売上帳およびBKの入出金を念査したところ一部売上計上漏れがありました。それから、進行年分はまったく記帳されていませんでした」

「そうか。先生は何か言っていたか?」

「年一なんで、特に何も言ってませんでした」

「よし、じゃあ、今度は溜まりを調べてくれ。ご苦労さん」


このやり取り、いったい何を話しているのか、まったく理解不能という方もいらっしゃるのではないでしょうか。本書のプロローグでも理解不能の部分があったかもしれません。それは隠語や専門用語が多いからです。この会話で一般の方が使わないと思われる言葉について注釈を入れてみました。

ちなみに、私は大阪国税局管内の税務署でしか、仕事をしたことはありませんが、全国でもそう大きくは違わないと思います。

では、一つひとつご説明しましょう。

端緒（タンチョ）――『広辞苑』には、「タンショの慣用読み。たんしょ【端緒】事のはじまり。いとぐち。手がかり」と書いてあります。国税の世界ではなぜか、「タンショ」とは言わずに「タンチョ」と言っています。調査官は毎日この「タンチョ」を必死に探していると言っても過言ではないと思います。

臨場調査（リンジョウチョウサ）――実地にオフィスや自宅などに調査に行くことを臨場調査と言います。「臨場」という言葉は一般には「臨場感がある」というような使われ方をすると思うのですが、臨場調査はまさに緊張感満載で、臨場感があると言えます。

島（シマ）――税務署では部門ごとで仕事をします。毎年七月の定期異動で配属になったら、それから一年間はその部門、すなわち島が一つの単位になって調査にあたることになります。

統官（トーカン）――正式には統括官（トウカツカン）なのですが、ちょっと舌を噛みそうな感じなので、多くの場合、短くして「トーカン」と呼びます。でも、職場の仲間で飲みに行ったときには、「トーカン」という言葉を使うと先輩に叱られます。なぜなら、税務署の人間だということがバレてしまうからです。税務署から一歩外に出ると「トーカン」とは呼ばず、「課長《カチョウ》」と呼びます。その切り替え具合は絶妙です。

過年分（カネンブン）――すでに申告が終わっている年分のことを「カネンブン」と言います。

原始記録（ゲンシキロク）――請求書や領収書など記帳に至るまでの間のすべての記録を「ゲンシキロク」と言います。見積書や指図書、電話を受けたときのメモなども重要な「ゲンシキロク」です。特に、そのときに経営者自身が手で書いたものは自分を助けることになったり、自分を陥れることになったり……。税務調査の際、調査官は「ゲンシキロク」を血眼になって探します。

現況調査（ゲンキョウチョウサ）――臨場調査の際、現場を確認するために行う調査のことを「ゲンキョウチョウサ」と言います。料調《リョウチョウ》の応援で「ゲンキョウチョウサ」をするような場合は複数名で行っているので平気なのですが、一人で臨場調査に行った場合は、家の奥まで入っていくタイミングが難しく、「今日は『ゲンキョウチョウサ』をするぞ！」と意気込んでいても、できなかったということもありました。

ＢＫ（ビーケー）——銀行のことを「ビーケー」と言います。最近は預金の復元などはお願いすれば集中センターのようなところでやってくれるので、ＢＫ調査をする事案は少なくなっているかもしれません。

念査（ネンサ）——帳簿と請求書や領収書と見比べ、合っているかどうかを調べることを「ネンサ」と言います。一枚の領収書から不正を発見することもあるので、この言葉はピッタリだと思います。

進行年分（シンコウネンブン）——先ほど説明した「カネンブン」に対して、まだ申告の終わっていない、現在、事業活動を行っている年分のことを「シンコウネンブン」と言います。これを読まれて、「えっ、税務調査ってすでに申告している内容について適正かどうかをチェックしにくるものではないの？」と思われた方もいらっしゃるかと思います。これについては、平成二四年九月一二日「国税通則法第七章の二（国税の調査）関係通達の制定について（法令解釈通達）」で、進行年分も調査の権限が及ぶことが明文化されました。

先生（センセイ）——プロローグでも触れましたが、税務署では税理士を「センセイ」と呼びます。「センセイ」は税務調査の立会をしたり、調査額の算出をして修正申告書の作成をしたりします。税務署と経営者の間に入って、適正公平な課税を実現させるのが仕事です。

年一（ネンイチ）——税理士は毎月の顧問料をもらって関与する場合と、申告書の作成だけをする場合があります。申告書の作成だけを依頼されている税理士の場合、年に一回だけの仕事になるので「ネンイチ」と呼んでいます。「ネンイチ」のところに税務調査に入った場合、税理士もそんなに気合いが入っていないのはわかります。

溜まり（タマリ）——税務調査の時点でのお金の有高を「タマリ」と呼びます。暦年赤字の申告なのに預貯金残高が増加しているとしたら、申告額として計上せずに溜まっている場合があるので要チェックとなります。

そもそもここでは、

「進行年分を調べることもあるので、毎日きちんと帳面をつけることは大切だ」

ということを言いたくて、復命のシーンを会話調で挿入したのですが、そこで使われている用語を解説するだけで、これだけの行数を使ってしまいました。

他にも、税務署員は、一歩署の外に出ると、自らの職場のことを「会社」とか、「うちの会社」と呼びます。もちろん、署内の規則などで明文化されているわけではないのですが、飲み会などで「うちの税務署では」と大きな声で話すと、「会社と言え」と、たしなめられる文化があります。

これは公務員業界では、割と一般的なことだと聞いています。やはり、その仕事の特殊性から、自分たちの身分を明らかにしない、という心理が強く働いているのでしょう。

改めて税務署って特殊な業界なのだと思います。では、安心して本題に戻ります。

書類を預かり、税務署に提出する申告書を作成することが仕事だと思っている税理士の場合、進行年分の記帳をしましょうというような話はなかなかしないと思います。

今日の売上はどれくらいで、今日の現預金の残高はいくらなのか。きちんと経営をしている会社は、社員が毎日の数字がわからないと気持ちが悪いと言われます。

税務調査に来られた場合にチェックされるからという理由からではなく、経営者は自分の会社をよくするために、毎日のお金の動きを把握できるよう、日々の記帳を怠らないようにするのが大切なのです。

調査官は帳面ではなく、人柄を見ている

税務調査の際、担当の調査官がいきなり帳面を見ようとしたら、その調査官はたいしたことのない調査官だと思っていいでしょう。

「帳面は逃げへんのや。どんな納税者かを調べに行くのが調査や！」

最初に調査に連れていってもらった統官の名ゼリフです。

時系列で納税者の人生ストーリーを聞かせていただく中で、その人柄が見えてきます。その一枚の領収書には必ず、それにまつわる物語が隠されています。調査官はその一枚の領収書を手にしたときに、その日、その場所でどんな人がどんな人とどんな会話をし、その結果この金額のお金のやり取りがあったのだなということを再現させます。

再現したシーンを納税者が語ってくれなければ、そこで矛盾が生まれ、嘘はバレてしまうでしょう。

帳面からだけでは理解できない、察知できない真実を追求するのが調査官の仕事なのです。

私は、「マルサの女」のモデルになった斎藤和子さんという国税ＯＢの税理士のお話をう

かがったことがあります。斉藤さんはその経営者が不正を働いているかどうかは目を見ればわかると言われていました。私もそうだと思います。

「目は口ほどにものをいう」

昔からよく言われる諺がありますが、調査官の質問が核心に触れたとき、相手の目は一瞬動きます。その視線の先に不正の実態が隠されていることはよくあります。

私は、税務調査はその経営者の人柄を調べに行くのだと思っていました。経営者の話をよく聞くことで本質を見抜くことができ、結果、調査を早く終わらせることができていたのだと思います。

調査官にとって、税務調査を効率よくこなすポイントは、事案によってメリハリをつけることです。調査官は調査事案を何件か掛け持ちしています。

一件あたりの調査日数はある程度決められているのですが、まずは、一回目の臨場調査が終わった時点で今後の展開を考えます。

「この経営者は税務の知識はあまりないけれど、こちらが質問したことには誠意を持って答えてくれている。もしかしたら、これ以上調べても何も出てこないかもしれないな」と思ったとしましょう。

そのとき同時進行している別の事案にもう少し時間をかけたいと思っていた場合、一回目の臨場であまり大きな不正が見込めないと思った事案は、とことん調べることをせず、より大きな不正が想定される事案に時間を費やすように調整するのです。

税務署とけんかをすることが自分の仕事のように思っている税理士は、このあたりの税務署の事情をご存知ないのでしょう。

私が税務調査には誠意を持って対応することをお勧めするのは、そういう理由もあるのです。

第 3 章

調査官は
ランチ中も見ている

ランチタイムも調査のネタを考える人々

突然ですが、皆さんは毎日お昼ご飯はどこで何を食べていますか。

調査官にとって最重要の仕事は、もちろん、今手がけている事案の展開を考えることです。しかし同時に、どんなときでも、新たな案件になるかもしれない資料のネタ集めもしなければならないと、潜在意識にインプットされています。ですから、ランチタイムも気を抜くことができません。

最近、テレビではB級グルメを紹介する番組が多くなり、新しくできた店や人気の店が数多く紹介されています。調査官は、こうした番組を見ていても、紹介された店が自分の勤務する税務署の管内だとわかれば、すぐに「ランチ」に出かけます。もちろん、「何かネタはないか」と考えてのことです。

では、なぜランチなのか——。

飲食店の「内偵調査」を夜にしようと思うと目立ってしまうからです。前にも書きましたがこっそり調査したつもりでいても、いざ臨場すると、お店の人から、

「この前、四人で来られてましたよね」

と言われたりするのです。

その点、ランチタイムであれば、男性であろうが、女性であろうが、一人でふらっと店に入って、携帯電話をいじりながら食べてもまったく怪しまれることがありません。ちなみに、この携帯電話、私の場合は、写真を撮ったり、メモ代わりに使ったりと、なくてはならないものでした。

人によって流儀が違うかもしれませんが、調査官が店に入れば、たいていの場合、座る場所は決まっています。お金の出し入れが観察できる場所、つまりレジが見える席です。

ただし、レジが出入り口付近にあって、客席からは見えないような構造になっている店は、仕方がないので、できるだけ店全体が見渡せる席から、店内の様子を観察します。レジの打ち方などは、お金を払うときにチェックするのです。

レジについては、まわりに何を置いているのか、できれば遠目でもいいので確認しておきます。釣銭を置いている場所、通帳を入れて持って歩いているであろうポーチ。毎日の「真実の」売上が書いてあると思しき大学ノート……。レジの周りには、調査の際に「端緒」となるものがたくさんあるのです。

たまにレジのない店もありますが、こういう店については、「レジがない」という事実だけでも資料のネタになります。

携帯電話がない時代は、内偵調査に行って知りえた情報をメモするのも一苦労でした。今は街中であろうがレストランであろうが写メしてもなんら怪しまれることはありません。

飲食店経営の皆様。〝お一人様〟が必死に写メしてメモもしていたとしたら、それはグルメ雑誌の記者ではなく調査官かもしれません。ご用心あれ。

オーナーだけがレジを打つ店が抱えるリスク

店の運営方法からも、いろいろなヒントが得られます。

たとえば、フロアーはアルバイトが担当し、オーナーと思しき人物一人しかレジに触っていないような場合、「現金管理のチェックは甘い」と推察します。

飲食店については、「現金売上の管理の方法」を確認することが税務調査での一番のポイントになります。オーナーしかレジを打っていない場合、売上のダブルチェックができてないことが予想されます。

売上のダブルチェックとは、お店を閉めたとき、現金の有高とレジの記録の合計が合っているのか、伝票の内容がすべてレジに打ち込まれているのかなどを二人以上の目で確認しチェックすることです。

一日中同じ人がレジを打っていると、お金の管理が甘くなるのは当然です。売上を故意に除外するつもりがなくても、計上漏れにつながる可能性は高くなります。

皆さんが飲食店の経営者となって、レジを打っている場面を想像してみてください。

あなたが、レジにいると、近所の本屋さんがいつも店に置いておく雑誌を配達してくれました。さて、その支払いはどこからするでしょうか。まず自分のポケットから出さず、レジから支払いをするでしょう。

この場合、その日の売上金額を、店を閉めてから数えた現金の有高にしていると、本屋さんに支払った代金分は売上を少なく計上したことになってしまいます。売上は、現金有高からではなく、レジペーパーに記載された合計金額で計上すると、計上漏れを少なくすることができるのです。

私が調査官だったときは、店に入った時刻を携帯電話に記録し、注文をしたら、料理が出てくるまでの間にトイレに行っていました。

トイレに行く際は、店の中をよく見まわして、テーブルと椅子がいくつあるのかを数え、その数字を覚えておきます。満席になったら何人入れるのかを計算し、これも携帯にメモしておきます。

フロアー担当は何人なのか、奥の厨房には何人くらいスタッフがいるのかも、できれば確認しておきます。申告している売上に対して、スタッフが多いと感じたときは売上脱漏が予想されます。

トイレから戻ったらメニューをじっくり見て、どのメニューが売れ筋なのかをチェックします。料理が運ばれてくるまでの間、怪しまれなさそうであれば、メニューを携帯で写メることもあるかもしれません。

ランチ価格が一律で、釣銭を積んでいる店は危ない？

フロアー担当が料理を運んできて、テーブルに伝票を置いて去っていったら、今度は伝票に注目します。

その日の日付がきちんと書かれているか、時間が入っているか、一連番号がついているか、注文したものの金額が記入されているかなどをチェックします。

テーブル伝票は飲食店の調査の場合、最も重要な原始記録です。

税務調査に際しては、日付なし、一連番号なし、注文したものの金額の記載もないテーブル伝票を使っているとわかった場合、それは信ぴょう性がないものと判断されます。

実際の調査では、売上伝票などの原始記録の保存がない場合は、仕入金額を調べ、粗利益で割り戻し、売上金額を算出し、その金額をもって修正申告を慫慂《しょうよう》することもあるので、伝票を保存することと、伝票に詳細を記載することはとても重要なのです。

ちなみに慫慂というのは、調査対象者である経営者に修正申告書を提出するように税務署側が勧めることを言います。

さて話を戻して、運ばれた食事を口にしながらも、調査官はいろいろな計算をします。

トイレに行った際にチェックしたテーブルと椅子の数から、ちょっとした掛け算をします。

四人掛けテーブル席が五つ、二人掛けテーブル席が四つ、カウンター席が四つ、合計三二席。一人の滞在時間を平均三〇分とすると、ランチ営業は一一時三〇分〜一三時で三回転となる。メニューから売れ筋の定食は八〇〇円なので、その店のランチ売上はマックスで七万六八〇〇円になる……。このように、おおよその売上を推測するのです。

忙しいオフィス街では、ランチのメニューや価格を一律にして、レジを打たず、レジのまわりに釣銭を積んでいるようなお店を見かけることもあります。

調査官がこのような店を見つけると「ぜひとも調査に行ってみたい！」と思います。このやり方をしていると、不正を働くつもりがないのに、売上が合わないことが多くなるからです。レジを使わず、きちんと管理をしていないというだけではなくて、ひょっとして、アルバイトが、ポケットに千円札を忍ばせたまま家に帰ってしまう、というようなことが起こるかもしれません。

一度成功したアルバイトが、味をしめて何日かに一回は売上金をくすねるようになったとしたら、その経営者は売上管理がずさんなだけでなく、窃盗犯を生み出すきっかけを作ってしまうことにもなりかねません。飲食店に限らず、現金商売の場合は、売上管理は何より大切なのです。

調査官は日々、そんなことを考えながらランチタイムを過ごしています。

壁に耳あり、隣に調査官あり

そういえば、こんなこともありました。

ある日、臨場調査を終えて喫茶店でひと休みしていたときの話です。今日の調査をどんなふうに復命するか、頭の中を整理しながらコーヒーをすすっていると、隣のテーブルで中年男性二人が話している声が耳に届きました。

「いやあ～、この前、税務署に入られて、根掘り葉掘り調べられて、ホンマにえらい目に遭いましたわ～」

「へえ～、そうでっかあ～。ワシとこは今まで税務調査なんか一回も入られたことありまへんで」

どんな人なのだろうと様子を見ると、自慢をしている男性は作業服を着ていて、胸には社名が刺繍されていました。中身がほとんどなくなったコーヒーカップの傍らには、社名入りの封筒が置かれています。

またしても私は携帯にメモします。

その会社は私の署の管轄でした。羽振りがよさそうな話をしていた割には、売上は毎年横並び。可もなく不可もなくという申告内容。「長期未接触」という理由で毎年調査の選定対象にはあがっていたのですが、決め手がなくて実地調査には至っていなかったことが判明しました。

でも、あの自信満々な経営者の物言いから、「何かしてる……」と直感し、調査に着手しました。調査に行ってみると、案の定、売上を除外し、過少に申告していたのです。

従業員に聞かれて困ることは、外でも聞かれるとまずいもの。実は、喫茶店は情報の宝庫なのです。

税金にまつわる自慢話は、つい誰かに言いたくなる人が多いのですが、壁に耳あり障子に目ありとはよく言ったものです。一人で、ぽつねんと座っている客の近くでは税金の話をしないほうが身のためでしょう。なぜなら、その客は調査官かもしれないからです。

もちろん、人に聞かれて問題があるような行為をしないことが一番大事なのですが。

強力な権限を証明するのは

「お上《かみ》の言われることには逆らえませんもんねぇ……」

調査官時代、税務調査に行って面白いと思ったのは、若い経営者の方でも税務署を「お上」と呼ぶことでした。

「お上っていったい、いつの時代？」という感じですが、税金の歴史をさかのぼると、その原点は古代の租庸調だったり、近くは年貢であったり、税金は、今もなお、お上が搾り取るものという感覚があるのでしょう。

もちろん納税という行為は、憲法にも謳われているように、日本国民に課せられた義務です。そのため徴税については、かなり強力な権限が与えられています。だから、今日でも「お上」という感覚が残っているのでしょう。

調査官は質問検査権という権限を与えられ、調査に行く際には、必ず質問検査証というものを携行しています。

そして、何かを調べることについて、それが調査に必要であるかどうかの判断は、現場の各担当調査官に委ねられています。

市役所で戸籍を調べたり、法務局で登記を調べたり、銀行で手形の裏書きを調べたり、証券会社などに出向いて保有資産を調べたり……。調査官はあらゆる機関に調査の協力を要請する権限を有しているわけです。

先にも書いたように、反面調査として、調査対象者の取引先に調べに行くこともあって、調査を進める中、その取引内容をもう少し詳しく確認する必要があると調査官が判断した場合、その取引の売上先や仕入先、外注の支払先に行って確認をします。

「うちの会社は、毎月税理士さんに見てもらっているし、経理の人間もちゃんとやってるから、税務調査なんて関係ありませんよ」

それは大変結構なことですが、自分の会社はきちんとしているつもりでも、取引先の反面調査のために、調査官がやってくる場合があることは、知っておいて損はありません。

もし、あなたのところに突然調査官がやって来たら、「質問検査証を見せていただけますか?」と言ってみてください。

調査官は、「おっ、この人は、なかなかしっかりしているな」と思うでしょう。すると、調査官もうかつなことは言えなくなるのです。

調査官が訪れるところ、どこでも常にアウェイです

ほとんどの調査官は、それぞれに使命感を持って仕事にあたっていると思います。

でも、正直に申し上げれば、人さまのことをあれこれ調べるのは、あまり気持ちのいい仕事ではありません。少なくとも私はそう思っていました。本当は調べたくないという気持ちが根っこにあったからだと思います。

少しでも、「この経営者はいい人なのかもしれない」と思ってしまうと、調べる気持ちが萎えてしまいます。

では、どうやって税務調査のモチベーションを保っていたのか。

「自分は課税の公平を実現させるために調査をしている」

私は毎日、そう自分に言い聞かせていました。

容易に想像できると思いますが、調査官は、常にアウェイです。

「税務署は警察よりも嫌いや！」

「しんどいときはなんにも助けてくれんと、ちょっと儲かったと思ったらすぐに来て、命の次に大事な金を持っていきよる。お前ら鬼じゃ！」

何度そのように言われたことでしょう。罵声を浴びながらも、調査官としての仕事を続けることができたのは、自分の中に「正義」を持っていたからだと思います。

誰かがやらなければいけない仕事

私が調査官になってそれほど年月が経っていない頃、とても厳しい調査をされる先輩に、同行したときのことでした。

「お前も親おるんやろ。こんな弱いもんいじめばっかりしてて楽しいんか」

先輩調査官はそんな罵声を浴びせられても、淡々と調査を進めていきます。

「因果な商売でしてねえ」

そう言ったきり、黙々と、私が寝室の奥から見つけてきたB勘（表勘定として公表している預金以外の預金、いわゆる隠し預金のことをB勘と呼んでいます）の借名預金の内容をメモされていました。

実は、そのとき、先輩はお父様が不治の病を患っておられ、ご家族も大変な状況だったのです。ご自分のしんどい状況の話は一切されず、その日見つけた不正についてまとめ、調査先をあとにしました。

調査先からの帰り道、私は涙が止まらず、そのままでは署に帰れないような状態になってしまいました。すると先輩は見かねて、こう語りかけてくれました。

「ちょっとお茶でもして帰るか」

言葉を口にすることもできず、ひとしきり泣いて少し落ち着いた私は、先輩に聞きました。

「あんなふうに言われて、なんで黙ってるんですか。先輩だって家族が大変なのに」

すると、

（この子には税務調査は無理なのかもしれない）

と語りかけるような優しいまなざしを私に向けながら、

「勘定奉行は、いつの世も嫌われ者って知ってるか。でも、誰かがせんとあかん仕事なんや。俺らだって税金から給料をもらってるんやから、しっかり与えられた仕事はやらんとあかんってこっちゃ」

それ以降、私は調査先で、経営者から、そして税理士から、どんな罵声を浴びせられようと、涙を見せることなく仕事ができるようになりました。

企業のホームページは、税務署も見ている

最近は、ほとんどの企業が自社のホームページを持っているので、実際に調査に行く前にかなりの情報を収集できるようになりました。

会社が開いているホームページには、事業内容や企業概要はもちろん、企業理念、経営者のメッセージ、社内の様子、社員の表情、経営者の顔写真などもアップされている場合があります。

企業のホームページを見ているのは、見込み客だけではありません。税務署も常にホームページの内容をチェックしているのです。

もちろん、そうしたチェックはいろいろとしているのですが、税務調査は調査官が直接訪ねて行います。

では、なぜアウェイであって、本心では行きたくないのに、調査官はわざわざ臨場して調

査を行うのでしょうか。

税務調査は、準備調査で、ある程度、見込める不正を試算するのですが、あくまでそれは予想です。実際に行ってみないと本当に不正を働いているかどうかはわからないという場合がほとんどです。

二六年も調査をしていると、いろんなことがありました。

実地に調査に行ったけれど、資料の入力が間違っていることがわかっただけで、その経営者はなんら不正を働いていなかったという事案もありました。そういう場合は、「申告是認」となります。

あとに詳述しますが、「税務調査に来られたら、お土産を用意して（軽い修正申告をして）、帰ってもらえ」という話がまことしやかに語られますが、これは都市伝説の類でしょう。

調査に来られたからといって、必ず追加の税金を納めなければならないということはないのです。

「税務署＝マルサ」ではない

先にも、マルサについて書きましたが、ここでもう少し詳しくご説明しましょう。

「税務署って『マルサの女』みたいなことされてたんですか？」

もう、何度同じことを聞かれたことでしょう。厳密に言うと、税務署とマルサは目指す目的が違うのです。

「税務署で働いていたと言うと、必ず『マルサだったんですか？』と聞かれるんですけど、私はマルサにいたことはないんです。ずっと所轄の税務署で税務調査をしていたんですよ」

セミナーなどで自己紹介をした際、そう説明させていただいても、少し時間が経つと、また、

「飯田さんは元マルサなんですよね……」

となってしまいます。やはり一般的には「税務署＝マルサ」と言ったほうが話が通じやすいのでしょう。

『マルサの女』という映画の話が出たので、映画つながりで、ここでも少し『踊る大捜査線』

のお話をしたいと思います。

「事件は会議室で起きてるんじゃない。現場で起きてるんだ！」

織田裕二さん扮する青島刑事の名セリフは流行語になったので記憶されている方も多いと思います。

『踊る大捜査線』はとても面白い映画でした。事件を追うだけでなく、警察の抱えるさまざまな内部矛盾、特に警察組織の厳格なキャリア制度の問題、官僚主義の問題、縦割り行政の問題、民事不介入の問題なども取り入れられていました。

あの映画では、警視庁のことを「本店」、所轄の湾岸署のことを「支店」と呼んでいました。さらに刑事のことを「デカ」ではなく「捜査員」と呼んだり、加害者のことを「ホシ」ではなく「被疑者」と呼んでいました。

そのような呼び方をすることで、コメディタッチだけれど、ストーリーとしてはリアルな印象があり、多くの視聴者の支持を得たのではないかと思います。

実は、国税も同じような隠語を使います。国税局のことを「本店」と呼び、所轄の税務署のことを「支店」と呼んでいるのです。私が親近感を抱いたのは、そうした理由があったたからかもしれません。

映画では、現場一筋のいかりや長介さん演じる和久さん、青島刑事の「後輩」だったのにキャリア組として昇格試験に合格し、上司として「支店」に戻ってくるユースケ・サンタマリアさん演じる真下正義など、いろいろなキャラクターの登場人物がいました。

「国税にもいるよなあ、こんな人……」と、思ったものです。

私はテレビドラマや映画を見ると、すぐに登場人物の誰かに感情移入してしまうのですが、『踊る大捜査線』の場合は、気分はすっかり深津絵里さん演じる恩田すみれでした。

マルサには誰も抵抗できません

話を元に戻しましょう。マルサとは、「本店」の、つまり国税局の査察部門のことです。

マルサでは、実際に調査に着手するまでかなりの時間と人を投入します。

調査はヒト・モノ・カネ・情報を追いかけます。

国際的に有名な映画監督が、「国税の怖さ」について語っているところをテレビで見たことがあるのですが、マルサは、調査の対象となった経営者を取り巻く人間関係については、恐ろしいくらい詳しく調べます。特に「特殊関係人」と呼ばれる愛人は不正なお金を預かっていたり、鍵になっている人物である場合が多いようで、詳細に調査します。

なぜ、そこまでマルサは準備調査に力を入れるのでしょうか。

それは、マルサは令状を持って強制調査を行い、刑事事件として立件することが仕事で、最終目的はその経営者を脱税犯として逮捕することだからです。

令状を持ったマルサが急に調査にやって来た場合、抵抗することはできません。覚悟を決め、調査に協力することをお勧めします。本書をお読みいただいているほとんどの読者の皆様には、おそらく別世界の話であるとは思いますが。

話を心から聴くということ

では、私が勤務していた税務署では、どんな仕事をしているのでしょうか。

私が『踊る大捜査線』を見るとき、「本店」の真矢みきさんが演じる沖田仁美ではなく、深津絵里さん演じる恩田すみれに自身を投影するのは、私が所轄の税務署勤務だったからです。

先にも書いたように、所轄の税務署で行う税務調査は、令状がありません。任意調査です。マルサは強制調査なので、有無を言わさず調べることができるのですが、税務署の調査官は強制調査をする権限を持っていないため、仮に納税者の同意なくして家やオフィスの中に入ったとしたなら、不法侵入ということになるでしょう。

任意調査の場合、調査官はまず、納税者に対して調査に協力してもらえるよう説得することが必要になります。

税務署では調査担当に配属されると、税務調査に関する研修を受けるのですが、その中で一番重要とされているのが、調査の際の「説得力」です。

説得力が必要なのは、調査の入り口のシーンだけではありません。

調査官は納税者とのやり取りから矛盾を導き出し、不正を発見しなければなりません。その過程では、利害感情ではなく、善悪の基準で判断することが大切だということを納得してもらえるように話をしないといけないのです。

ほとんどの場合、税務調査は修正か更正かで終わります。修正とは、経営者自ら修正申告をして追加の税金を納めてもらうもので、更正というのは、提出された納税申告書で計算されている納税額が法律の規定などに従っていないとき、あるいは調査などで税額が正しくないことがわかったとき、簡単に言えば強制的に申告内容を「更正」することです。

ところが、更正を決定することはめったにありません。税務署が行う調査はほとんどの場合、納税者自身が修正申告書を提出する形で終わります。

修正申告書を提出してもらうには、指摘した内容について納得してもらうことが必須です。

調査において、私は、相手の話をよく聞くことにしていたと書きましたが、これは話し方のトーンの違いから矛盾をつくというねらいからだけではありません。

「あの頃はホンマにしんどかったんや……」

昔話をしながら、涙する経営者も少なくありませんでした。また、経営者は必ず行政に対する不満や要望を持っています。税務署の調査のレベルでは、不正といっても悪いことをしようと思っている人はほとんどいません。皆さんの語られる話をよく聞いて、きちんと理解を示し、私の考えも真摯にお伝えすることで、納税者の方々も私の仕事のことを理解してくれ、修正申告に応じる気持ちになってくれていたのだと思います。

税務署が行う任意調査の目的は、とことん税金を搾り取ることではなく、適正公平な課税の実現にあるのです。

調査先を選ぶのは、いつから？

税務調査が一番多いのは、どの時期かを気にされる方も数多くいらっしゃいます。この点について説明するには、税務署の仕組みを紹介する必要があります。

税務署の事務年度は、七月一日から六月三〇日です。定期異動はこれに合わせて、七月にあります。

仮に、税務署の事務年度を多くの一般企業と同じように、四月一日から三月三一日にすると、確定申告後の処理を行う時期に人事異動が行われることになり、事務に支障をきたすことになってしまいます。

そういう意味もあって、税務署は七月に定期異動を行い、事務年度は七月一日から六月三〇日になっているのだと思います。

毎年、七月になると各税務署の職員は、三分の一程度入れ替わります。調査担当部門では、七月から新たなメンバーになり、調査に行く事案も新たに選びなおします。

どの企業に調査に行くのか、前年度の終わり（つまり五月や六月）に、多少は選んでいる場合もあるのですが、七月、新年度になって、新たなメンバーの顔がそろってから、その一年の調査の計画を立てるのです。

最も本腰を入れて調査できるのは、ナナジュウニ

税務署は、七月から一二月、一月から三月。四月から六月。この三つの時期に分けて年間計画を立てます。

大阪国税局管内では、七月から一二月までを「ナナジュウニ」、確定申告までの期間を「カクシンマエ」、確定申告の期間中を「カクシンキ」、四月から六月を「ヨンロク」と呼んでいます。

この三つの期間のうち、本腰を入れて税務調査ができるのは、「ナナジュウニ」と「ヨンロク」です。

「ナナジュウニ」は六カ月で、「ヨンロク」は三カ月です。期間の長さで比べると「ナナジュウニ」は、「ヨンロク」の倍になります。しかも「ナナジュウニ」は、年度の初めの時期で

もあり、調査官のモチベーションも高いと言えます。

追加の税金がたくさん取れそうな事案から着手したいと思うのが人情……というわけでもないのですが、大きな追加税額が想定される事案、あるいは調査に日数を要するであろう事案は、「ナナジュウニ」に着手する場合が多いのが実情です。

「ヨンロク」で着手した事案でも、調査を進める過程でさらに不正が見つかり、多額の追加納税が必要になる場合もあります。

ただし、ここで注意しておくべきことは、支店のトクチョウ担当や本店のリョウチョウでは、確定申告の時期でも、税務調査を行っている場合があるということです。また、マルサの反面調査ということもありえます。

大切なのは、税務調査の最盛期がいつなのかを知ることより、税務署が突然やって来ても、何を尋ねられても、すぐに対応できる状態にしておくことなのだと思います。

増差税額の多寡が出世を決める？

経営者の方よりも、会社員からよく聞かれる質問があります。

「税務署の人って、取ってきた税金が多いほど出世するんですか？」

何をもって出世というのかは、その人の価値観によって違うと思います。

会社勤めの方が言う出世とは、入社したときは平社員だけど、年次を重ねるとともに、主任になって、係長になって、順調に行けば課長になって、もうちょっと頑張れたら部長まで行けるかな……こうした役職のことを言っているのかもしれません。

これを税務署に置き換えてみると、まずは事務官として署内で窓口業務などをこなし、そのあと、先輩の指導のもと調査へ。さらに調査官になったら、どんな事案でも最初から最後まで一人で処理をすることになります。

調査官から、上席という役職になるまでは少し期間が長くなるのですが、この時期どんな部署に配属されて、どんなふうに過ごすのかで、その調査官の将来はある程度決まるように思います。

税務署で働く人の採用形態は、大きく分けて二種類あります。

国家公務員税務職員（旧国家Ⅲ種）採用試験に合格し、税務大学校で約一年間の研修を受けた高卒の職員と、幹部候補生として国税専門官の試験に合格し、採用された大卒の職員です。

国税の世界では、国税専門官のことは「コクセン」、高卒で公務員試験に合格して採用された職員は「フツウカ」と呼ばれています。

コクセンは、幹部候補生という触れ込みで採用試験を受けているので、採用された当初から、いつかはどこかの税務署長になるだろうと思っている職員が多かったような印象があります。

でも、いざ税務署に配属されると採用形態にかかわらず、コクセンもフツウカも同じような仕事をします。

現場では、コクセンを指導する担当者がフツウカ出身の場合もあります。フツウカにとっての哀しみは、自分が税務署で指導担当したコクセンの後輩と次に税務署で同勤したときに、役職が逆転している場合があるということでしょう。

「お前も偉くなったなあ」と口では言っても、心中は複雑な面があるのは否めません。

ここでも『踊る大捜査線』を思い出してもらうと、わかりやすいと思います。

おそらく、誰よりも現場をよく知っていて、ホシを挙げたのは、現場たたき上げのいかりや長介さん演じる和久さんでしょう。でも和久さんは万年ヒラの巡査長どまり。

かたや、ユースケ・サンタマリアさん演じる真下は、現場の湾岸署ではへなちょこな感じでしたが、昇格試験に合格し、幹部として戻ってきたときには堂々としていました。

前に、『踊る大捜査線』の中で私は自分をすみれさんに投影していたと書きましたが、本当は、現場一筋の和久さんのほうが近いかもしれません。

その意味では、「調査官は税金をたくさん取ってきた者が出世するのか」という質問の答えは、「そうとは限らない」という答えが適切だと思います。

誰が、どうやって幹部候補に選ばれるのか

一方で、実務能力が、出世に関係ないかというと、そうとも言い切れない面もあります。

税務署は、国税庁の下にある国税局の管轄下にあります。そして国税庁の組織の中には、税務大学校という研修機関があります。税務大学校では、税務行政に必要な研修を行うことで税務職員のスキルアップを図っています。税務署で、キャリアアップをしていくには、この税務大学校（本校は、現在は埼玉県和光市）で定められた研修を受ける必要があります。

これらの研修については、フツウカよりも幹部候補生として採用されたコクセンにチャンスが多いというのが実情です。ただし、コクセンなら誰でも受講できるわけではなく、研修を受けるためには選考試験に合格しなければなりません。

また、フツウカの職員に、まったく出世のチャンスがないのかというと、そういうことはなく、採用されてから七年間、実務経験を積んだあと、選考試験を受けて合格すると、本科研修を受けられます。そして、この本科研修の受講を終了すると、コクセンと同じような幹部候補生の試験も受けられるような仕組みになっているわけです。

研修を受けられるかどうかの選考の際は、記述試験だけではなく、仕事に対する取り組み方も評価の対象に入ると予想できます。その意味では、たくさん税金を取ってきた職員のほうが評価がいいとなるのかもしれません。出世に必須となる研修を受けられるかどうかの選考の際に、税務調査での成績も加味されるとすれば、増差税額の多寡も出世に関係すると言えなくもないのです。

いずれにしろ、税務署で日々の業務も真面目に取り組み、家に帰ってからも研修を受けるための試験の勉強をしている、そんな地道な努力をしている職員が、結果出世しているのだと思います。

ちなみに、私は本科研修を受ける資格を得たときは、すでに結婚し、子どもを一人産んでいました。その後、一〇年間受験資格はあったのですが、本科研修を受けるには家を離れなければなりません。どうしても、大阪に子どもを置いて和光市で一年間の研修を受けることは考えられず、本科研修の選考試験は受けませんでした。

最近では、女性登用が盛んに言われ、地方の女性でも本科研修を受けやすいように工夫がされていたり、また、女性の働く意識も高くなっており、子どもを持っていても、スキルアップのために本科研修を受ける職員が増えているようです。

権限はあるけれど、危険も多い「トッカン」の仕事

女性の税務職員と言えば、少し前に税務署を舞台に、小説やドラマになった『トッカン』が話題となりました。この主人公も女性ですが、彼女の仕事は税務調査官ではなく、徴収官というものでした。

税務署には、管理運営部門、徴収部門、個人課税部門、資産課税部門、法人課税部門、酒

税・酒類担当部門、そして総務と、いろいろな仕事があります。この本で話題にしている税務調査は主に、個人課税部門、資産課税部門、法人課税部門でのお話です。

管理運営部門は、申告などによって納められた税金の管理と、税務署の運営を管理する仕事をしています。

一方、徴収部門は税務調査などで確定した税金を一円違わず納めてもらうことが任務であるという点、とても厳しい業務です。

いくら言っても税金をきちんと納めない誠意のない滞納者の財産を調査したり、捜索したりできる権限を持っているのはそういう理由なのだと思います。

『トッカン』の主人公は、この徴収部門で働く徴収官だったわけです。徴収官は大きな権限を持っている代わりに、危険な目に遭うケースも多くなります。直接お金を取り立てる仕事なのですから、皆さんも想像しやすいでしょう。

今では、女性の徴収官も珍しくなくなりましたが、当初、高卒のフツウカには無理だろうということで徴収部門に配属される女性はコクセンに限られていました。でも、女性のほうが細かな点まで目が届き、徴収部門では成果をあげているということもよく耳にしました。

キャリアが税務署で勤務する場合もある

それから、国税の幹部候補生ではなく、国の幹部として採用された人たちが税務署で勤務する場合もあります。それは国家公務員Ｉ種（現・総合職）試験に合格した、世間ではキャリア官僚と呼ばれる人たちです。

特に財務省のキャリア官僚が税務署で勤務する場合があります。霞が関にこもっているだけでなく、現場を体験させるという意味があるのでしょう。

キャリア官僚は、三〇代半ばで税務署長として着任することがあります。そして、ほとんどが、あのＴ大卒です。

キャリアの税務署長に仕えた職員の話によると、彼らは頭脳明晰で、業務や書類などについて、すべての内容を説明しなくても要点を理解してくれるし、記憶力も優れていて、鋭い指摘をしてくるそうで、「やはりキャリアは違う！」という感想を抱いたと言います。

私も一時期、キャリア官僚ではないのですが、コクセンとして採用された、Ｔ大卒の後輩と同じ部署で働いたことがありました。

コクセンで入ってきても、やはりT大卒は違うなあと思いました。何をやっても飲み込みがいいし、仕事も早い。そんなところは上司もちゃんとチェックしていたようで、その後輩は一回目の定期異動で本店に栄転しました。

調査官はお国のために働いているのか

私は初級国家公務員税務職（私が採用された当時はそのような呼び方をしていました）の女子一期生です。

「税務署の人って、国家公務員ですよね。国家公務員ってみんな、お国のためにと思って働いてるんですよね」

そんなふうに言われたことがありましたが、とっさに答えることができませんでした。恥ずかしながら私は税務署で働いているとき、お国のためになんて考えたことがなかったのです。

女子でも四年制の大学に進学する方が多くなりましたが、私は高校生の頃、女子で四年制大学に行くのは、学校の先生を目指す人くらいと思っていました。

高校生のとき、大学に入ってまで勉強したいことは特になく、両親からも「女に学歴があっても婚期が遅れるだけだ」と言われていたこともあり（今では信じられませんが）、就職することにしました。

就職するなら細く長く、将来安泰の公務員がいいだろうと、地方公務員と国家公務員を受験しました。そのときの私の公務員のイメージは、黒い腕カバーをしていろんな書類を作成、チェックして、一日中机に座っているというものでした。

地方公務員のほうは最初自分の住んでいる市職員を受けるつもりが募集がなく、少し遠いけれど京都市役所を受けることに決めました。国家公務員のほうは、学校の進路の先生から、「国家公務員の税務職は女子一期生だから受けてみないか」と勧められ、「一期生」というもの珍しさに惹かれて受験することにしたのでした。

採用試験には両方とも合格しました。京都市役所は京都市内にあるので、二部の大学に入学して大学生活も謳歌できるというので、気持ちはかなりそちらに傾いていたように記憶しています。

一方、国家公務員税務職は未知の世界で、どんな仕事をするのか、まったく見当がつきません。ただ、面接の際に試験官から転勤が多いとは聞いていました。

「つぶしが効くだろうから、国家公務員の税務職に進むほうがいいだろう」とアドバイスをしてくれたのは父でした。国家公務員税務職として勤務すると、一定の条件を満たせば、税理士試験の税法科目が免除になり、税理士資格を取得できるということを父は知っていたのでした。

これもよく聞かれるので補足しておきますが、税務署で勤めたことがあれば、誰でも税理士資格を取得できるというわけではありません。私のときは、高卒の場合は二三年以上勤務した者は税法については実務経験があるということで試験が免除になりました。けれども、財務諸表と簿記会計論の試験には合格しなければ税理士資格を取得することはできず、そのときは結構勉強しました。

なぜ罵声を浴びせられながら働けるのか

「いってきま～す！」

調査官時代、私はいつもフロアーに響きわたるくらい大きな声で挨拶をして調査に向かいました。

「今日も一日頑張って調査するぞ！」という気持ちも込めてです。

「飯田さんは、いつも楽しそうに調査に出ていかれますね」

後輩の調査官からよくそんなふうに言われました。

税務署に入った当初は、男女雇用機会均等法で男子も女子も同じように働くという条件で採用されたにもかかわらず、同期の男子は調査の手ほどきを受けても私は内勤でした。

先述したように、朝と午後三時のお茶くみ、さらに来客があったときにお茶を出すのが私の主な仕事でした。仕事らしい仕事はお局様が抱えていて、なかなか回してもらえず、一日中書類にゴム印を押したり、アルバイトのおばさんに雑用を分けてもらったりという日が続きました。

そんな状態が続いて腐りかけているとき、父から、

「好きなこととして給料がもらえると思ったら大間違いやぞ！　給料は辛抱代やと思え！」

と言われ、それからどんな仕事でも進んでやるようになりました。

その仕事がなかったときの辛さを思えば、私にとって税務調査は素晴らしくクリエイティブな仕事だったのでした。

こうして税務署で長年働いてきた私ですが、一つの仕事を長く続けるには大義名分が必要だと思います。

私の場合、定年までは勤めなかったけれど、二六年もの間税務署で働くことができたのは、自分なりに大義名分を持っていたからだと言えるでしょう。「お国のために」という大それた思いはありませんでしたが、税務調査という仕事をすることは、課税の公平の実現を図る担い手だったと自負していました。

「お前ら弱いもんいじめばっかりして、楽しいんか！」

そんな罵声を浴びながらも、働いてこられたのは、税務調査でお会いした方に、税金のことを理解し、きちんと納税していただきたいという思いがあったからだと思うのです。

もし、機会があれば、これから国家公務員になろうと思っている学生さんに、

「あなたが国家公務員を目指しているのは、お国のために働きたいと思ってのことですか」

とインタビューしてみたいと思います。

国家公務員を目指す方がお国のために役立ちたいという気持ちをしっかりと持っていれば、きっと、これからの日本はもっと元気になると思います。

第　4　章

「お土産」を
口にする税理士は危ない

試験組税理士と国税ＯＢ税理士

この章では、税務署、あるいは税務調査を理解する上で、切り離すことのできない税理士について考えてみます。

税理士と一口に言っても、「試験組税理士」と「国税ＯＢ税理士」がいます。資格としては、なんの違いもないのですが、世の中では、こういう区分けで見る風潮もあるようです。

この業界では、国税勤務の経験がある税理士は「国税ＯＢ税理士」と呼ばれています。

国税庁の中には、長官官房、課税部、徴収部、調査査察部があり、税務大学校や国税不服審判所と言って裁判にかかわる仕事をする部署もあります。国税の組織には、税務調査以外にもさまざまな仕事があるのです。

かつては、ある一定期間、国税の組織に在職し、在職中に簿記論と財務諸表論の比較的簡単な研修を受ければ、「税法免除」になって、定年退職後は税理士として開業できる仕組みになっていました。

しかし、平成一三年（二〇〇一年）に、税理士試験制度に関して税務職員などに対する試験科目の免除制度の見直しがあり、必須科目である簿記論と財務諸表論については、かなりレベルの高い研修を受け、その後試験に合格しなければ税理士資格を取得できなくなりました。

たとえば、日頃の業務で簿記会計に触れることのない部署で長年勤めた職員が、税理士資格を得ようとすると、簿記論や財務諸表論について、自力で一から勉強しなければならないということになったのです。

そのため、在職中に資格取得のための研修を受けずに、退職しても税理士にならない職員も出はじめているようです。最近の「国税ＯＢ税理士」の中には、税法免除に至るまで国税に在職することなく、若いうちに退職して試験を受け、意欲的に税理士業をされている方もいます。

消えたバイトさんは、いずこ……

税理士資格を取得するには、全科目受験し、「試験組」として目指す道もあるだろうし、いったん国家公務員の税務職に就いてから目指すという道もあります。

でも、今や国家公務員税務職は、かなりの狭き門です。

私が入った頃は高卒の採用のほうが断然多かったのですが、最近では大学を卒業し、国税専門官として採用されるケースのほうが多くなっています。しかも、国公立大卒の人が大半を占めるようになりました。

国税専門官の中には、税務署での仕事を経験してから税理士になりたいということで、働きながら試験を受け続け、合格したら退職して開業しようとする人もいるようです。

税務署での仕事を体験したいということであれば、アルバイトという方法もあります。一年のうちで最も忙しい確定申告の時期は、たくさんの学生アルバイトが採用されます。いつもは八～九割が男性の職場なのですが、申告の頃になると、女子高生や女子大生のアルバイトが来ることで一気に税務署は華やかになります。

確定申告が終わると、アルバイトは主婦主体の「レギュラーさん」だけになります。ところが、私が勤務していたある税務署では、レギュラーさんに交じって三〇代中盤の男性がアルバイトをしていました。

「この人にはどういう事情があるんだろう？」と思っていたら、昼間は税務署で働き、夜は税理士試験を受けるための専門学校に通っているということでした。その男性は、いつの頃からかアルバイトに来なくなったのですが、風の噂では見事試験に合格して、今では開業されているらしいとのことでした。

国税OBは税務署に顔がきくのか

現在、「試験組税理士」と「国税OB税理士」の割合は、五分五分くらいになっているようです。ところが、税理士資格は永久ライセンスですから、税理士登録はしているけれど、ご高齢で実務はしていないという先生もたくさんいらっしゃることでしょう。

国税勤務経験者にとって資格のハードルがあがった現在では、登録者の割合が半々だということは、実質的に稼働しているのは試験組税理士のほうが多いと言えるかもしれません。

国税OBと試験組があると聞くと、

「国税OB税理士に頼んでおけば、調査の際、税務署に口をきいてもらえるのでは？」

などと言う人もいるようです。

私個人としては、コネによって不正がまかり通るような事態は大嫌いですから、特定の人だけに有利なはからいをすることが許せません。調査官時代、ＯＢ風を吹かすような税理士が出てくると、むしろ真っ向から戦う姿勢で調査に臨んでいました。

税理士の資質を考えるとき、弁護士のことを思い浮かべると理解しやすいのではないかと思います。テレビのニュースなどを見ていると、お金を儲けることのみが目的となっていて、悪徳な人や組織の弁護を引き受けている弁護士もいれば、どう考えてもお金になりそうにない裁判を担当して、弱者の味方になっている弁護士もいます。

同じように税理士も、人によって志や仕事ぶりはさまざまです。ホームページでそれぞれのカラーを出してアピールされている方もいるので、少し覗いてみるだけで、一人ひとり個性が違うのがわかります。どのような過程を経て、資格を取得したのかよりも、その税理士が、自らの仕事を通して、どのような形で社会に貢献したいと思っているのか、その部分をしっかりおさえておくことが必要だと思います。

顧客の企業や経営者などを永続的に発展させたいという思いで関与しているのか、顧問料に見合った関与の仕方をしておいて、税務調査に入られれば指摘されたことだけ修正申告をしてそれで終わりというスタンスなのかということです。

本当はもっと一緒に事業のことを考えてほしいと思っているのに、それすら言えない関係であるとしたら、その税理士との関係は良好であるとは言えないでしょう。試験組なのかOBなのかではなく、税理士もやはり人柄で選ぶことが大切だと思います。

「お土産」という都市伝説に迫る

いつもきちんと納税されて、税務署とは縁遠い経営者、あるいは大手企業にお勤めの会社員、さらには何度も税務調査を受けた経験をお持ちの中小企業の経営者など、いろいろな方から、税務調査を乗り切る際の、ある具体的なノウハウについて質問されます。

「税務調査って、『お土産』を用意しておかないとダメなんですよね？」

この話を聞くと、むしろ私のほうから質問したくなります。

「『お土産』って、いったいなんなんですか？」

長年、調査官として活動してきた私にもわからないのですから、税務調査とはなじみのない読者の方も、ちんぷんかんぷんだと思います。次の発言をお聞きください。

「私はきちんと申告したいと思ってたんですけど、顧問の税理士さんから、『お土産を残しておかないと、次、調査に来られたときに余計なことまで調べられるから、ここは、ちょっとこのままにしておいて、指摘されたら修正で追加の税金を払うことにしましょう』って言われたんですけど、本当にそんなことでいいのでしょうか」

ある中小企業の二代目経営者の方が、誰にも相談できずに悩み、私にこう話をされたのでした。

先代社長の時代から顧問をしている税理士は、会社の台所事情も二代目社長よりずっと前から詳しく知っています。世代も先代、つまり父親と同年代。二代目としては鼻を垂らしていた頃からよく知っている税理士に対して、社長になったからといって意見することはできないというのが本音のようです。

この顧問税理士の主張は、「税務調査に入られた際に、調査官は何かしらの成果を得ようとするもの。軽い修正申告する余地をあえて残して取引したほうが、早くカタがつく」ということです。

では、元調査官の立場から言わせていただきましょう。

税務調査に「お土産」などありません。都市伝説の類でしょう。

調査官は何も不正を発見できなければ、その調査は「申告是認」となります。

不正がなければ、調査官は手ぶらで帰る

普通に考えてみてください。

「何も不正を見つけることができなかったのですが、手ぶらで署に帰ると格好がつかないので、少しだけでいいので何か項目を作って修正してもらえないでしょうか」

こんなことを言う調査官がいるでしょうか。

税務調査では、資料の間違いなどで「選定誤り」ということがあった場合、その案件は申告是認、つまり「申是《シンぜ》」で終わります。修正申告書を提出することなく税務調査を終える場合はあるのです。

税務署でも国税局でも、調査官に対して、修正申告の見込みがない場合は、その調査を打ち切り、次の案件への着手を進めるよう指導しているはずです。

先ほどのエピソードに登場した、先代からの顧問税理士は、「次に調査に来たときのために『お土産』を作っておく」

と言っています。ですが、税務調査の実調率を見れば、認識は変わります。

実調率とは、申告されている全企業のうち税務調査に選ばれる企業の割合。つまり実地調査の件数を対象法人数（個人の場合、税額のある申告を行った納税者の数）で割ったものです。

国税庁は、「最近の税務行政の動向」として、さまざまなデータを公表しています。その中で実調率についても確認できます。平成一八年（二〇〇六年）度、法人実調率は、四・九パーセント、個人実調率は〇・八パーセントです。

この数字を見る限り、法人の場合、企業が一〇〇社あったら、わずか五社程度しか税務調査に選ばれない計算です。

それなのに、次もまた調査に来るだろうからと、わざわざ「お土産」を残す行為に意味はないというわけです。むしろ、申告すべき税をあえて申告しないようにしているわけですから、この税理士は、関与先に不正を勧めているということになってしまいます。

「これくらいならいいよね」を生む企業体質

税務調査に「お土産」が必要だと考えるのは、元国税調査官としては、関与先に対する仕事の手抜きをしている税理士の逃げ口上から生まれたものではないかとも思うのです。

「言ったところでできるわけがない。いちいち言うもの面倒だ。じゃあ、適当にやっておいて税務署が来たらそのときに直せばいいだろう」

調査対象にあがってくる経営者の顧問税理士はそんな考えの方が多かったように思います。

「税理士さんが『これくらいならいい』と言うから、これくらいでいいだろう」

その適当な感じは経営者にも伝わります。そして、経営者がそのように思って仕事をしていると、社員もそれを敏感に察知します。

「社長が『これくらいならいいだろう』と言って、適当にやっている部分があるんだから、私たちもこれくらいはいいよね」

社員それぞれが勝手な判断をするようになり、それぞれの社員の心に隙が生まれます。

人の気持ちは弱いものです。会社では、仕事に対して、お金に対して、互いに牽制し合える仕組みを作っておかないと、一気にモラルは低下します。最初はささいな不正でも、それを止める人がいないと、だんだんとエスカレートしていって、それが最後には横領に発展していくことにもなりかねないのです。

私は税理士の登録時研修で講師の方が、「税理士は顧問先の晩御飯のおかずのことまでわかるくらいでなければならない」と言われたことをとてもよく覚えています。まさに、そのとおりだと思います。

経営者と税理士はなんでも相談できる信頼関係を作り、さらに経営者は社員と良好な、けじめのある関係を保つことが、テクニカルな税務調査の対応策をどうこうすることよりも大切なのは間違いありません。

そうすることで、不正を生まない企業体質とすることが、最良の税務調査対策なのです。

なにやら、経営者向けのお話のようになってしまいましたが、この話、サラリーマンの方々にとっても、働く上でのモラルの話だと思ってお読みいただければ十分営業トークのネタに使えると思います。

中小企業を担当する営業マンの方であれば、税務署に関する情報のうち、どれが本当で、何が都市伝説と言われる範疇のものかを知り、中小企業の経営者の方にお伝えになれば大変喜ばれること請け合いです。

調査官が二度と行きたくない会社とは

唐突ですが、ここで問題です。

【Q】上司である統括官から、前回、「申是」になった企業に、また調査に行くよう指示を受けた調査官。さて、どんな気持ちになるでしょうか。

【A】「リベンジだ！」と思って、張り切って調査に向かう。

【B】前回、「申是」だと、同じことになる可能性があるから、あまり行きたくない。

調査官によっても違うのでしょうが、皆さんのご想像どおり、私は調査官当時、前回調査で「申是」の事案には行きたくありませんでした。ですから、この問題に登場する調査官が私であれば、答えは【B】です。そして、同じような気持ちの調査官は、とても多いと思います。

調査官を、税務署の営業担当と思ってもらえると、とても理解しやすくなります。営業の仕事をしたことがある方なら、おわかりいただけると思うのですが、一度断られた会社の門をもう一度たたくには、とても大きなエネルギーがいるものです。

ですから、今期は絶対に自信があるという場合は、税理士がなんと言おうと、調査官がなんと言おうと、「修正申告に応じない」と主張することが理に適った行動となります。

修正する必要がない場合（これが大前提ですが）、そこで頑張って「申是」を勝ち取ることができた企業には、それ以降、調査官は足を向けにくくなります。それが、税務調査と縁遠い企業体質につながるのは間違いありません。

九五パーセントの会社になればいい

ところが、「お土産」を用意しておき、税務調査のたびに、毎回修正申告書を出している会社は、調査官にとっては「訪問しやすい会社」ということになりますから、いつまでも調査対象にあがってくることになるわけです。

またまた元調査官の私が言うのもなんですが、企業にとって、税務調査は大変に面倒なことです。その面倒な調査があることを念頭に事務計画を立てているというのなら、それでいいかもしれません。

けれども、事前通知があったら税理士と日程を調整し、書類も見直し、何日間かは業務に携わることができなくなる。場合によっては反面調査で取引先にも調査が及ぶかもしれない……。

そんなことに時間を取られることは、はっきり言って、ムダです。きちんとした経理を行い、税務調査に入られにくい体質を構築できた企業は、そのムダがなくなります。

先にも書いたように、税務調査の実調率は五パーセントにもなりません。

何もやましいことがないのであれば、税務調査に選ばれることはないのですから、九五パーセントの会社になればいいだけの話です。

グレーな部分を「お土産」といって残すのではなく、きちんとすべてガラス張りの経営にすればいいのです。

ある中小企業は、思い切って社員に自社の決算書を公開したところ、細かなことはわかっていないけれど、なんとなく数字を見たことで、自分のやっている仕事が会社全体にどのように貢献しているのだろうかと思うようになったのだそうです。

税務調査に入られにくい企業体質を構築するためには、社員一人ひとりが経営者感覚を持つことが大切です。「あれっ、これって大丈夫かな?」と感じるセンサーを磨くこと。それには、先にも紹介した「調査官目線」養うことが必要になってくるでしょう。

座っていただけで請求された立会料

経営者向けの税務調査対応策セミナーが終了し、私が帰る支度をしていると、一人の男性が「ちょっと相談したいことがあるのですが……」と声をかけてきました。

三〇代後半の彼は、てっきり経理担当なのだろうと思いました。

「時間がないので、後日メールかお電話をいただけないでしょうか」

こう言って、切り抜けようと思いました。

セミナーのあとで個別に持ちかけられるお話は、「ホントに簡単なことなんで……」とか、

「ちょっとだけ教えてほしいんですけど……」と言われるものほど、ややこしいものが多いからです。

でも、彼があまりに真剣なので断ることができず、お話を聞かせていただくことにしました。すると、ぽつりぽつりと話を始められました。

「私はとある事業を営む経営者ですが、創業者ではありません。父が創業した会社を引き継いだのです」

またしても二代目経営者です。どうも、二代目以降の方は不安を持ちながら経営されているケースが多いようです。

経営者にとって、税理士は身近な法の専門家です。税法以外のことも相談されることが多いものです。

(顧問の税理士には相談されたのかな)

そのことが一番気になりました。

個人事業主であれば税理士を雇っていない場合もあるのですが、会社を経営している人は、ほとんどの場合、顧問税理士がいます。にもかかわらず私のセミナーに参加し、個別で相談をしようとされている。

（顧問税理士との関係があまりよくないのかも……）

私はそんなふうに思いました。

「私は二人兄弟の長男です。母はとても愛情深い人で、大切に育ててもらったと思っています。でも、父は職人から会社を興し、仕事人間で、家族のことはほとんど顧みない人だったのです。私はそんな父があまり好きではありませんでした。大学卒業後、私はある企業に就職し、ずっと経理を担当していたんです」

「でも、そこを辞めてお父様の会社を引き継がれたんですね」

「父が突然亡くなり、母から、事業を引き継いでほしいと懇願されたので……」

このパターンで突然事業を引き継ぐケースは本当に多いものです。

「父と一緒に会社を作ってきてくれた人たちの働く場所をなくしたくないという、母の強い思いが、会社を継ぐ決心をさせたのだと思います」

勤めていた会社を辞め、いきなり経営者になるというのは、さぞ、いろいろな苦労があったことでしょう。彼は話を続けます。

「私はもともと経理をやっていたので、父の会社に入ったときも、まず経理をチェックしました。父の代からの経理担当は、厳格な人だったので安心していたのですが、昨年、税務調査に来られることになりました。

私は、何もやましいことはしていないし、いつ来てもらってもいいと思ったので、すぐに日程を決めて返事をしました。すると、その経理担当が、『税務調査のとき、社長はいつも税理士さんに連絡してましたよ』と言うので、『では、連絡だけしておいてください』と言っておいたんです」

「連絡したのに、調査当日に税理士さんが来られなかったということですか」

「いいえ、その逆です。私は税理士さんには来てもらう必要はないと思っていたんです。だって、経理は私が直接見ていて、先生は決算書にハンコを押すだけですから。何も悪いこともしてないし、税務署の方が来られても十分対応できると思ったんです」

だんだんと彼の言葉に力が入ってくるのがわかりました。

「それはそれでいいと思いますよ。税務調査には必ず税理士が立ち会わなければならないということはありませんから」

「でも、呼んでないのに、税理士さんが勝手に来て……。何も言わずに座っていただけなんで、その日は、なんとも思わなかったんです」

はは~ん、なんとなくどういうことかわかってきました。

「で、調査はどんな具合だったんですか」

「何もありませんでした。追徴金はなしで終わったんです」

「それはよかったですね」

「いえ、それがよくないんです。数日後、税理士の先生から請求書が送られてきたんです。立会料と書かれていました。それは、ありうるなとは思ったのですが、請求額が想像していたものとはケタが違いました。先生が調査の当日来られて座っておられたのは事実です。でも、調査官からはなんのお咎めもなかったのにあんなに立会料を請求されるとは驚きました。『父の代からお願いしている先生なんで、ことを荒立てないほうがいい』と経理担当が言うのでお支払いしたんですけど、どうも納得がいかなくて……」

一通り事実関係を話し終えると、彼は疲れた表情を浮かべました。

顧問税理士と契約書を交わしていますか

私は、彼が少し落ち着いてから、こう聞いてみました。

「確認なんですけど、その顧問税理士とはどんな契約をされてるんでしょうか」

「えっ、契約ですか？　そんなものは、多分ないと思います」

税務調査対応策と銘打ったセミナーでは、税理士について質問を受けることは少なくありません。質問というよりも、顧問税理士に対する不満を聞くと言ったほうが正しいかもしれません。

「うちの税理士は何も教えてくれないんですけど、いいんですか」

「税務調査のとき、税理士さんが『私はちゃんと指導してるんですけど、社長は全然言うとおりにしてくれなくて困ってるんですよ』と税務署に言い訳したりして、税理士っていったい誰の味方なんでしょうか」

先にも書いたように、会社は税務調査対応策について考えるには、顧問税理士との関係をよくすることから始めなければなりません。そのためには、まず、顧問税理士と会社がどのような契約を交わしているかを確認することが必要です。

先代社長時代からの税理士の場合、ここで紹介した例のように、口約束で仕事をしていて、契約書を交わしていない場合があるようです。

もし、あなたが経営者であれば、顧問の税理士とどんな契約書を交わしているか、今一度確認しましょう。

えっ、契約書を交わしてないことがわかった？

それは大変です。すぐに顧問税理士と話し合って、契約書を作成することをお勧めします。

「儲かったら外車を買ったらいいですよ」と言う先生

中小企業の経営者は、弁護士や社労士などにたまに仕事を依頼することはあっても、毎月関与ということは少ないでしょう。けれども、税理士の場合は違います。中小零細であってもほとんどの企業は顧問税理士を置いていると思います。

中小企業が税理士に顧問になってもらう経緯にはいろいろなケースがあると思います。取引先や銀行の紹介、あるいはネットで検索……。ただし、税務署に出す申告書を作ってくれたらそれでいいと安易な気持ちで税理士を選んでいるとしたら、考えなおしたほうがいいかもしれません。

ある会社の営業マンが、顧客企業の経営者から相談を受けたという話を私に語ってくれました。

「その経営者の会社は、赤字続きでピーピー言ってたんですけど、売上が急にあがって、税金を払う計算になったんだそうです。

そこで、顧問の税理士に『今年は黒字になりそうなので、税金を払うことになった』と言ったところ、『では、高級外車を買って、経費にしたらどうですか。税金を節約できますよ』って返事が返ってきたんだそうです。

経営者は、かなり驚いたそうです。外車に興味はないし……。それで、私に意見を求められたんですけど、それってどうなんでしょうか」

「う～ん、どうなんでしょうと言われても……、それより、そんなことを気安く言う税理士がいることに私も驚いています」

「そうですよね。だって、経費にならないでしょう」

「もし、業務に使っていることが立証できれば、経費になる場合もあると思います。でも、ここで押さえておくべきことは、高級外車を買うことが、会社全体にどういう影響を与えるかですよね」

「会社に与える影響ですか……」

「たとえば、税金を払いたくないから資産として外車を購入したとしましょう。その費用を経費で落とすには、業務で使っているという事実を残しておかなければなりません。そのために経営者がその車で毎日通勤するようになったとします。するとどんなことが起こると思いますか」

「どんなこと……」

「社員は経営者のことをとてもよく見ています。『最近、社長は外車で出勤しているけれど、会社は儲かっているからなんだろうな』と思うでしょう。それから社員はどんなことを想像すると思いますか」

「会社が儲かったなら、社員の私たちにも還元されてもいいんじゃないか。臨時にボーナスが出たりするのだろうか、って感じでしょうか」

税理士と経営者が忘れるのは「社員の目」

――会社が高い利益をあげている場合、社長が高級外車を買うのは自由です。税法上の要件をクリアすれば経費で落としてもなんら問題はないでしょう。でも、ここで一番注意しないといけないのは、ともに働く社員がどう思うかです。

私は税務調査という仕事を長年する中で、調査官という目線からいろいろな企業を見てきました。

そこで気がついたのは、経営者と税理士が見過ごしがちなのは「社員の目」だということです。

会社は経営者一人で成り立っているものではありません。多くの社員の力で成り立っています。社員一人ひとりには感情があります。そこを大切にしているかどうかで、税務調査に入られやすいか、また、社員が不正を働いてしまうかどうかが決まってくるというのは、先に説明したとおりです。

税理士には、いろいろな考え方の人がいると思います。その税理士の考え方によって申告内容は変わってきます。

私のこれまでの経験では、とにかく少しでも納める税金が少なくなるようにすることが仕事だと思っている税理士の場合、これからその企業が発展し続けるためには、何をしなければならないのかまで考えていない場合が多いように思うのです——。

私が、このように説明すると、その営業マンは、

「確かに、その経営者の方は、顧問の税理士さんのことをあまりいいように言いません。早速、今、聞かせていただいたお話をしたいと思います」

と納得がいった様子でした。

とかく税金に関することは複雑で判断しにくいと思われがちなのですが、あとにも詳しく説明するように、実はとてもシンプルです。何が正しいか正しくないかで判断すればたいていのことは解決できます。

人には誰でも「良心」があります。ここでご紹介した事例では、高級外車が経費になるのか、経営者の方も、あるいは相談を受けた営業マンも、法律では認められるとしても、

「本当にそれでいいのだろうか」

と良心が働いたのです。

税理士は法律に照らしてものごとを判断する傾向があります。当然それは必要なのですが、その前提として、自分の仕事は経営者とともに経営をよくしていくことだという考えを持っているかどうかで仕事の仕方が変わってきます。

「××さんよ、この前オレが言ったこと覚えてるか。この世の中、法律よりも大事なものがあるんだよ。あんたはそれを忘れた。だからこうなったんだ。恨むんならせいぜい自分を恨むんだな」

これは奇しくもこの本を執筆中に二〇一三年の最高視聴率をたたき出した、メガバンクを舞台にしたドラマの原作小説の主人公のセリフです。

法律の前に「良心」は誰にも備わっているものです。そこを押さえている税理士からは、安易に「高級外車を買って、節税したらどうですか」というような言葉は出ないと思います。

ダッシュボードから出てきたものとは

ある日の調査の帰り道。最寄り駅まで歩いていると、一軒の民家に軽トラックが横付けされていました。

車体に書かれた社名には見覚えがあります。私が調査のタマとして統官から付与された企業の名前だったのです。これといった決め手はないけれど、なんとなく気になって何度も決算書を眺めていたから記憶していたのです。

（ここに車が停まっているということは、今日はこの家で作業をしているということ。つまり一般家庭の仕事もしてるってことだな）

署に戻って、この事案の内容を確認してみました。机上調査の段階で決算書と資料せんを照合した際に、法人相手のメインの売上だけを申告していることがわかっていました。

調査先として選定された理由は、単発、小口、現金などの売上計上漏れです。メインの取引先以外の一般家庭からの売上は現金で回収できる場合が多く、売上計上漏れになりやすいのです。

そして臨場調査当日。

「こんな小さい下請業者のとこに来たって何も出ませんよ」

立会している税理士はこう言います。ときどき、このように自分の顧客を卑下するような発言をする税理士がいますが、理解できません。それが調査官に対する牽制になると思っていたら、大きな間違いです。

私は税理士のその一言から、

（この税理士は経営者のことを大切に思っていない。すなわち、不正につながるようなことをしていても、しっかりとチェックできないし、そもそもする気もないのだろう）

と判断し、手を緩めることなく調査しようと改めて思います。

決算書を作成する際、メインの売上が落ち込んでいる月があることは税理士にもわかっていたはずです。その段階で税理士が、

「この月は売上が少ないが、どうしていたのか」と問いかけていれば、

「実はこの月はメインの売上が少なかったので、他で拾い仕事をしていた」という話を聞くことができ、売上の計上漏れを防ぐことができたかもしれません。

私は聞き取りを続けました。

「帳簿調査に入る前に、資産の確認をしたいと思うのですが、仕事に車を使っていますよね。見せていただけますか」

経営者が駐車場まで案内してくれました。私は、用意された帳簿書類には一切手を触れないまま、筆記用具を鞄の中に片付け、外に出ました。

「では、車の中を見せていただけますか」

「あっ、はい……」

経営者はおもむろにドアロックを解除しました。

「じゃあ、ダッシュボードの中を見せてください」

経営者は、ダッシュボードの中身を助手席に並べていきます。サングラス、片方のだけの軍手、車検証、コンビニやファミレスの領収書がパラパラと出てきました。私がそのレシートに気を取られてダッシュボードから視線を外したそのとき、経営者の右手は運転席の足もとのほうに動きました。

「今のはなんですか？」

私は質問します。

「いえ、あの〜。これは関係ないんで……」

「関係あるかどうかはこちらで判断しますので、見せていただけますか」

経営者は少しうなだれ、右手につかんだものを私に差し出しました。それは市販されている領収書控えでした。

反面調査は調査官もできれば避けたい

「これはなんでしょうか」

領収書控えを受け取った私が尋ねても、青くなった経営者は返答してくれません。さらに尋ねます。

「メイン以外の売上は現金で回収して、その領収書の控えがここにあったということだと思うのですが、それで合っていますか」

経営者は小さくうなずきます。私は領収書控えをめくりながら尋ねます。

「株式会社××ともお取引があるんですね。先生はご存知ですか」

「知らん。私は知りません」

「この会社との取引内容を確認したいと思うのですが、先生はご存知ないんですか」

「こんな会社、初めて聞いたし、取引あるなんて知らんかった」

「では、反面調査させていただきます」

私は、預かり証を作成し、領収書控えを署に持ち帰ることで、その日の調査は終わりにしました。

ダッシュボードから出てきたのは単発、現金、小口専用の領収書控えでしたが、表には出していなかった別口のメインの取引先（株式会社××）から、領収書を発行するように言われ、その控えもそこに残っていたのでした。

そして、別のメインの取引先にも反面調査（第2章参照）に出向くことになったのです。

これまでの経験では、調査官が「反面調査をします」と口にしても、税理士はあまり抵抗しなかったように記憶しています。経営者は「税理士の先生がそうおっしゃるのなら」と素直に応じていたように思います。

けれども、反面調査に来られた得意先は、応対することそのものを迷惑に感じるはずですし、場合によっては取引そのものを見直される恐れがあるのは、先に説明したとおりです。

税理士が本当に顧問先のことを思うのであれば、「私が代わりに調べるので、少し時間をください」と答え、反面調査を避けることをお勧めします。経営者からは、本当に親身になって考えてくれていると思われ、さらに信頼関係が深まるでしょう。

さらに、税理士の側がきちんと調べることは、調査官にとっても助かるという側面があります。

何度も説明したとおり、調査官は、同時に数件の調査事案を走らせています。そうした状況下で、調査先への臨場とは別に日程調整をしたり、さらにそこで得た情報を集計したりするのに、かなりの手間がかかるため、調査官もできることなら反面調査は避けたいのです。

税理士が、その部分を調べてくれて、実地に反面調査に行かなくていいとなれば、他の事案に労力を投下できるため、心証は良好になるでしょう。

もちろん調査先と取引先とが口裏を合わせているような場合は、その実態をつかむために必ず調査官が反面調査に行かなければなりません。

けれども、記録の保存が不十分で、取引内容を確認するためだけであれば、税理士が税務調査の宿題として取引内容を調べることは歓迎される場合もあるのです。

反面調査一つをとっても、それぞれの立場でどのように対応するのがいいのかを考える必要があると思います。

感情的になるという作戦は逆効果

それにしても、長年税務調査に携わっていると、いろいろな税理士の方に出会いました。日本には全国で、およそ七万人を超える税理士が登録されています。かたや、国税庁、国税局、沖縄国税事務所の合計職員数は五万人超。税務署は国税庁の下の各国税局の管轄下にあり調査官はその中に含まれます。数字だけ見ると、調査官よりも税理士のほうが多いということになります。

七万人以上いる税理士の中で、私がお会いした人の数などは知れたものですが、本当にキャラクターも人それぞれです。緊迫した調査では、つい本音を出す税理士に会ったこともあります。

「そこまで言うんやったら、更正したらどないですか」

先にも書いたように、税務調査の終了は修正申告書を提出するか、税務署が更正を打つかのどちらかになります。そして、税務署で行う税務調査は、ほとんどの場合、修正申告で終わるのですが、見解の相違があって、なかなか納得してもらえない場面で、そのように言う税理士がいたのです。

調査が核心に迫った場合、暴言を吐く経営者はいますが、税理士の場合は、作戦であったとしても感情的になることは好ましいとは思えません。調査官の反感を買うだけだからです。

税務調査は第一印象が大切です

もちろん税務調査の対象者である経営者は、全員が税理士関与というわけではありません。税理士がついていないところに調査に行くことも、もちろんあります。

ただし、税理士がいないとなると、調査官は密室で経営者と一対一になってしまいます。税務署関係者としては経験上、調査が核心に触れた際、経営者が何をするかわからないという心配もあって、私が調査に出向くようになった最初の頃は、女性ということもあって、税理士の関与している事案にしてくれていたように思います。

ちなみに、その後も、「あなたたちは高卒女子の第一期生の税務職員なのだから……」と常に言われ続けることで、仕事に対する覚悟ができていたためか、調査先で危ない目に遭ったことはありませんでした。

話の脱線ついでに、私は調査に行くときは、真夏であってもきちんとしたスーツに身を包んで行くことを心がけていました。税務調査は第一印象が大切です。

「この調査官は手強そうだ」と思わせることがポイントです。税理士や経営者に、少しでも大きく見えるように足もとはいつもパンプスでした。私にとってスーツにパンプスという出で立ちは、武士が戦場に出向くときの鎧だったのです。

「スカートなんか履いて、調査できると思ってんのか！」

調査先に着いた瞬間、税理士にそう言われたことがありました。

（はあ～？　スカートが調査するんじゃあるまいし。そんなふうに言うんやったら、ここはとことん調べたる！）

あまのじゃくの私は、そう思い、それ以降も絶対にパンツは履かず、スカートで調査に行くことを決めました。

税理士が前に出すぎると、時間をかけて調べたくなる

税理士法には税理士の使命が謳われています。

（税理士法第一条） 税理士の使命

税理士は、税務に関する専門家として、独立した公正な立場において、申告納税制度の理念にそって、納税義務者の信頼に応え、租税に関する法令に規定された納税義務の適正な実現を図ることを使命とする。

このように書かれているにもかかわらず、税務調査の際、調べられる経営者の側にのみ立って言動をする税理士もいました。

また、反対に調査が核心に迫ってくると、ちょっと経営者が席を立ったときに、

「いやあ、いつもちゃんとするように言ってたんですけどねえ。社長は全然わかってくれなくて……。実は私も困ってたんです」

と耳打ちする税理士もいました。

一方、調査中に経営者がキレて、顧問税理士をクビにすることも何度かありました。

「俺が金払ろて雇てるんやぞ。お前どっちの味方してんね」

ただし、この経営者は間違っています。税理士はどちらの味方でもないからです。なのに、経営者を守ろうとする税理士がいたことも事実です。

税理士の態度で調査官の展開が変わることがあるというのは、これまでもご紹介したとおりです。税理士や経営者の言動から、とことん調べてやろうという調査官魂に火がつくこともあります。

調査官は一年間に処理する件数がある程度決まっています。その件数をこなすためには、段取りは各自で行い、メリハリをつけて調査の計画を立てます。

同時に何件も掛け持ちしていますから、「これはもっと調べなければ真相が究明できない」という事案が出てきた場合、その案件には時間をかけなければなりません。

では、どうやって時間を作るのか。

何度でも繰り返しますが、調査に行ったらまず経営者の人柄を観察します。

「この人は、税務に関する知識はあまりないけれど、真面目にやっていて、これ以上調べても不正を発見できそうにないので、臨場するのは今回限りにしておこう」と、初回臨場調査の際に、ある程度の進め方を決めるのです。何事もファーストコンタクトが大切です。

ところが、「質問したことにはスムーズに答えるけれど、経営者よりも先生が代わりに答えることが多かった。もしかすると、経営者は先生から、余計なことは話さないようにと言われているのかもしれない」

そう思った場合は、時間をかけて調べることになります。

税務調査の際、経営者に対して質問しているのに税理士が代わりに答えたり、完全に経営者側に立って調査官に調べさせないようにしたりする税理士がいる場合があります。場面によっていろいろだとは思うのですが、経営者に向けて質問した場合、わからないなりにも経営者自身に答えてもらったほうが調査官には誠意が伝わると思います。

税理士にすべてを任せてはいけません

「前回の調査では、どんなことを指摘されましたか」

調査に赴いた際に、必ず質問するのが、前回調査での指摘事項が何であったかについてです。

「そんなこと税務署のほうでわかってるんと違うんですか」

立会に来ている税理士の目はそう語っていても、私の視線は経営者に向けられます。経営者が前回調査の指摘事項を即答できないということは、また同じことをしている可能性が高く、それがひどい場合は、反省の色がないということで、重加算税が課される場合があるのです。

「いやあ、税理士さんに全部任せてるんで、前のとき、税務署さんに何を言われたかとか、ちょっと覚えてないですわ」

「税理士に全部任せている……」

調査対象にあがってくる経営者は、よくこの言葉を発します。調査官が不正を発見し、なぜそうなったのかを確認しようとしても、

「全部税理士に任せてるって言うてるやろが。俺は知らん！」

と言ったりします。

「あれっ？　このキーワードどっかでも出てきたような……」

そう思われた方は、記憶力がとてもいいですね。第2章で税務署を燃えさせる言葉の一つがこれでした。

この場合、調査官は、知らないところで社員が不正を働いていたり、税理士が数字を操作していてもわからないまま申告していることがあるので、しっかり調査しないといけないと

考えるというのは先に書いたとおりです。

もし、不正の発端が税理士や経理担当者にあったとしても、この会社の経営者は社長自身であり、税理士や経理担当者ではありません。調査ではじき出された追加の税金を払う責任者は当然経営者自身になります。

税務調査で指摘された事項については、同じ間違いを起こさないために、経営者は修正申告書を提出する際、追加の税金の合計金額がいくらなのかだけでなく、なぜそのように追加の税金を払うことになってしまったのか、具体的な内容や内訳についてもしっかり理解しておく必要があるのです。

特に、原始記録の保存が十分でないという理由で、推計課税によって調査税額を算出する場合、調査官や税理士に計算を任せっぱなしにするのではなく、その計算根拠について納得がいくまで説明を受けることをお勧めします。

「何かを隠しているぞ」に切り込むトイレ作戦

かなり前の話になりますが、ある小売業の店に税務調査に出向きました。

「なんで、こんな赤字続きのところに来るんですか。先代からの付き合いで顧問はしてるけど、私も、もう、何年も顧問料をもらってないんですからね。今日も頼まれたから立会には来たけれど、ただ働きなんですよ」

まずは税理士から散々嫌味を言われます。

次に、経営者に家族のことを聞いたり、少し世間話をしようとしたのですが、経営者は聞かれたことに最低限答えるだけ。明らかに何かを隠しているぞという雰囲気を醸し出していました。

でも、請求書も領収書も預金通帳の出入りも税理士がチェックしていて、特におかしいと思うことは見つかりません。

（このままでは端緒をつかむことなく帰ることになってしまう……）

問答からは不正発見を導き出せそうにないと判断した私は、少々焦ってきました。その日は店舗付き住宅の店先で調査をしていました。

ふと顔をあげると店先には二台パソコンがありました。

「ここにパソコンがありますけど、立ち上げていただけますか」

経営者は目を伏せたままです。

「パソコンは妻がやっていて、私は使い方を知らないのです」

と言ったきり、パソコンに触ろうともしません。

今では考えられないことですが、この頃はインターネット通信するごとに従量課金されていた時代で、年配の経営者がパソコン操作を知らなくても、まったく不思議ではありませんでした。

事前通知をしているのに、奥さんが外出しているというのも不自然だとは思っていたのですが、彼女がキーマンだったようです。パソコンの中身を触るのは次回となりました。

（なんとか端緒を見つけたい！）

そう思った私は、「トイレ作戦」に出ることにしました。ひとしきり、そわそわと尿意をもよおしている演技をしてから、

「すみません、ちょっとトイレを貸していただけないでしょうか」とお願いすると、

「古い家なんで、ずっと奥の中庭まで行ってもらって、下駄を履いて外に出てもらったら、トイレがあります」

と、奥さんの母親がトイレまで案内してくれました。

この経営者は、養子に入っていて、経営者夫婦と奥さんの母親は、一緒に住んでいたのでした。

その家は古い町屋のような家でした。トイレの場所もさることながら、用を足したあと、手を洗うにも、水道を使うのではなく、軒先から吊るした水を貯めた桶のようなものを使うのでした。

トイレから店先に戻るまでいくつか部屋があり、ふすまを開けたままになっていたので、ちらっと覗いてみました。すると、高さ一・五メートル、幅三〇センチメートルくらいの透明な棒のようなものが数本置いてあるのが見えました。

少し近づいて見てみると、それはプチプチのロールでした。イライラしたときなどに一つずつつぶしてストレスを解消する、あのプチプチと言えばわかっていただけるでしょうか。

説明するまでもなく、プチプチの本来の用途は、壊れ物などを送るときに包むためのもの。何か大切なものがくるまれた状態ではよく目にするのですが、私はそのとき、ロールの状態になっているプチプチを初めて見ました。そ～っとその隣の部屋も覗いてみました。

すると、そこには古いカメラや時計などアンティークが、たくさん整理して並べられていたのです。

思いもかけない副業が発覚

実は、この経営者、数年前から本業の業績が芳しくなくなり、家を売り払おうという話が持ち上がったとのことです。そのとき、

「蔵の中にお金になるものがあるかもしれない」

奥さんがそう言い出し、蔵にあった骨董品をネットオークションに出したところ、思いのほか高い値段で売れたそうです。

経営者自身もカメラなどに興味があったので、全国の朝市などをまわり、商品を仕入れ、オークションで売るようになり、その収入がいつの間にか本業を上回ってしまったというのです。

この経営者と税理士の間に、しっかりとした信頼関係はありませんでした。経営者はもともと悪意があったわけではなく、本業が苦しくなったので、ネットオークションで生計を立

てるようになったことを、経営者はいつ税理士に言おうかと思っている間に月日が過ぎてしまっていたのでした。

「へ～、そんなこともあるんですね」

この事例を聞いて、サラリーマンの方であれば、そういう感想を持つのもいいと思います。でも、税理士はそんなのん気なことでは困ります。この事案の場合、税理士が経営者の生活状況をきちんと聞き取りしていれば、何年も申告漏れのままにはならなかったはずです。

個人事業主や中小企業を顧問先にしている税理士であれば、その経営者の自宅に出向いて、いろいろ話を聞いてみるべきだと思います。

「うちの先生は親身になって考えようとしてくれているんだ」

関与先の信頼度がアップすることでしょう。

聞きたいことを教えてもらえない

調査官時代、経営者からよく聞く言葉がありました。

「もっと早いこと教えてくれてたら、ちゃんと申告してたのに……」

調査官は行政の一環として現場の声に耳を傾けることも仕事です。けれども、調査官も、限られた人数で多くの調査件数をこなすことを強いられています。

個々の調査官は、適正公平な課税の実現に向けて、きちんとした指導も行いたいとは思っているのですが、残念ながら、経営者の指摘どおり、そこまでしっかりケアできていないというのが実情でしょう。

私はその部分は、税理士がやるべきだと思っています。

「そういえば、うちの顧問の先生って、もう何年も顔を見ていない」

私が独立してからお会いする経営者の方から、そのようなお話を聞くことは少なくありません。

では、多くの経営者が税理士に対してどんな不満を抱いているのか。

- 何も教えてくれない
- 聞きたいことはあるけれど、「そんなことも知らないのか」とかえって叱られてしまいそうで聞けない
- 担当事務員しか来ないので、聞きたいことがあっても聞けない。

いずれもテクニカルなことというよりも、税理士と経営者の間でコミュニケーションが取れていないことを不満に思っているケースが多いようです。

税理士がこまめに顧問先に足を運んでいれば、しっかりとした人間関係が作られ、現場をチェックすることで、税務調査に入られにくい企業体質を構築することができるのに、なんとももったいない話です。

なんだか、この章は、税理士の悪口ばかり書いているなと思われてしまったかもしれません。私が調査官時代に会った税理士は、税務調査を介してのことだったため、このような書き方になってしまいました。

でも、退職してからは、まったく考え方の違う税理士さんがいるということを知りました。本当は、関与先の経営者とともに経営をよくしていこうと思っている税理士さんのほうが大半なのだろうなと今は思っています。

第 5 章

税務署は
何のためにあるのか

税務調査もリハーサルが必要

誰かに雇われるのではなく、いったん自分で事業を始めると、その仕事を辞めるまで、税務署とはいやでも付き合わなければなりません。

では税務調査で、痛くもない腹を探られないためには、どうすればいいのでしょうか。

税務署から税務調査の事前通知があり、日程が決まったら、調査官のほうから臨場場所を指定してくる場合がほとんどだと思います。

もしあなたが税理士であれば、調査官が来ると言った場所で、経営者と一緒に税務調査のリハーサルをすることをお勧めします。

まず、調査当日、調査官がどこに座るかシミュレーションしてみます。おそらく部屋の奥まで全体がよく見える場所に座ろうとするでしょう。税理士であるあなたは、調査官が座るであろう席に座ってみます。さて、その位置から何が見えるでしょうか。

調査官は、常に端緒を探すセンサーを働かせています。

たとえば、壁に貼ってあるカレンダーが○○銀行のものだったとしましょう。調査官は、臨場調査に出向く前に、その企業の決算書の主だった数字や内容は頭の中にたたき込んでいるので、その銀行名が決算書にあがっていたかどうかはすぐにわかります。

仮に○○銀行と取引がないのなら、なんら問題はないのですが、経営者が○○銀行に口座を作り、「B勘」と呼ばれる表に出せないお金をプールするための口座として使っていると、それだけで、「不正発見」ということになるのです。

また、調査官は経営者の自宅を調査場所に指定することもあります。その場合、家の外観、庭の手入れの具合、無造作にガレージに置いてある趣味の道具などから生活レベル全般を査定し、それが申告内容に見合っているかどうかを判断します。

先にも書いたように、とにかく調査官は、

「これってなんだろう?」

と思ったことは必ず質問をしてきます。そしてその受け答えから不正発見の端緒をつかもうとするのです。そして、調査官に「これってなんだろう?」と思わせないためには、何度も書いているように「これって大丈夫かな?」をしないことが重要です。

もし、この本を読んでくださっているあなたが経営者であれば、税務調査の事前通知があったら、顧問税理士に一緒にリハーサルしてほしいと頼んでみましょう。

「リハーサル？　そんなもん必要ない！」

こんな返事が返ってきたら……。その税理士とは付き合い方を考えたほうがいいかもしれません。

4W1Hで埋め尽くす

では、税務調査に入られない、入られても調査官に手ぶらで帰ってもらうためには、日頃から、具体的に、何をどうすればいいのでしょうか。

それは、総勘定元帳の摘要欄を4W1Hで埋め尽くすということです。

「これって5W1Hじゃないの？　それともミスプリ……」

そう思われた方、いらっしゃると思います。4W1Hは私のオリジナル・税務調査対応策キーワードなのです。

税金の計算は、日々の取引を記録した帳簿がベースになります。いろいろな帳簿を取りまとめたものを総勘定元帳と呼ぶのですが、その帳簿には「月」と「日」の欄はすでに設けられています。だから５Ｗ１Ｈの「When（いつ）」がないというわけです。

どの帳面にも必ず「摘要」という欄があります。この摘要欄には、その取引に関する詳細を記入することになっています。実は、調査官は税務調査の際、この摘要欄を重視するのです。

「あっ、それって、プロローグに書いてましたよね」

またまた、よくぞ覚えていてくださいました。そのとおりです。パソコンで元帳が作成できるようになった、便利になった弊害として摘要欄を適当に書いても、あるいは空欄のままであったとしても、元帳が出来上がる仕組みになってしまったのです。

プロローグで紹介した事例は経営者が領収書などをすべて税理士事務所に渡していました。領収書をため込んで、まとめて記帳していては、正しい数字を把握できるわけがありません。

あるべき姿は各企業が日々記帳し、そのデータを次の日に活かすことです。

私は、税理士が「帳面つけ屋さん」になってはいけないとかねてから思っています。

「そんなこと言っても、経営者はいくら言ってもやってくれないんですよ」

税理士からは、こんな声が聞こえてくるようですが、本当でしょうか。本当に指導する気になれば、経営者だって真剣に取り組むと思います。

税理士試験の勉強の中で、「総勘定元帳の摘要欄の書き方」について学ぶ機会はなかったと思います。なぜならそれは本来の税理士の仕事ではないからです。

いちいち教えるのが面倒だからといって、経営者から領収書をすべて取り上げ、税理士が一から帳面を作成するというスタイルを卒業しない限り、税務調査と無縁の企業体質を構築することはできないでしょう。

やることは至ってシンプルです。摘要欄に、Where（どこで）、Who（誰が）、What（何を）、Why（なぜ）、How（どのように）、この4W1Hを記入すればいいのです。

税務調査の際、摘要欄に「○×百貨店」のように単語や固有名詞だけを記入している部分を見つけた調査官は、「これはどんな取引だったんですか？」と必ず聞くでしょう。

税理士も、調査対象者である経営者も覚えていない、答えられないとなったら、次にはこう質問してくるかもしれません。

「では、手帳を見るとわかるかもしれないので、見せていただけますか」

こういう流れになり、調査官に見られたくない手帳を見せなければならない事態になってしまうのです。このことは第2章でも書かせていただいたとおりです。

もし、このとき、総勘定元帳の摘要欄がすべて4W1Hで埋め尽くされていれば、その場で即答できるので、手帳を見られて、痛くもない腹を探られることがなくなります。

レジペーパーの打ち直しはどうチェックするか

税務調査はヒト・モノ・カネ・情報の動きを追いかけることで進めていきます。通常、商取引が行われる場合、その商品は伝票とともに納品されます。飲食店などの現金商売の売上の記録は、テーブルごとに作成される伝票か、あるいはレジペーパーをもとに計上されることになります。

これらの証憑類は用語の説明のところでも書いたとおり、原始記録と呼ばれ、法律では七年間保存しておくように言われています。

税理士がそれらの書類もチェックしている場合はいいのですが、売上帳から決算書を作成している場合は、売上の計上方法が正しいかどうかについて、調査に行った際に確認することになります。

まず、税理士にどんな形で日々の売上金額を伝えているかを確認します。

毎日記入している売上帳を渡している場合もあるでしょうし、一日のレジの合計が打ち込まれたレジペーパーも一緒に渡している場合もあるでしょう。レジを置いてない飲食店では、テーブルごとの伝票を税理士に渡して、集計までお願いしているところもあるかもしれません。

売上が正しく計上されているかどうかは、テーブルごとに作成される伝票、レジで打ち込まれたレジペーパーのロール、売上帳、そして、その現金を入金している金融機関の通帳をチェックします。

たとえば前回調査で、レジの打ち直しが発覚したという場合は、そこから調査をスタートさせます。レジの打ち直しをしているかどうかは、レジペーパーの切れ目をつないでみるとわかる場合があります。

前日のレジペーパーと翌日のレジペーパーのギザギザの部分がぴったりと合えばＯＫなのですが、合わない場合はその日の売上をすべて打ち直し、真実の売上はわからないようにしている可能性があるのです。

同じ過ちを繰り返すと、悪質と見られる

売上除外には、他にもいろいろな手法があります。忙しい時間帯にレジを開けたまま現金を受け取り、レジからの出金があるにもかかわらず、申告の売上はレジの現金有高から計上しているような場合は、売上の計上漏れにつながります。

お客さんが一万円札を出して、釣りはレジから出して、一万円は自分のポケットにしまい込んで、現金有高から日々の売上を計上していた場合、これも売上除外になります。

調査官は調査に行く前に、ある程度目星をつけていることは、準備調査のところでお話ししたと思います。実際にそのお店の商品を食べて、原価がいくらかかっているだろうかということを考えるのです。

それぞれの商品の値決めをしていのは経営者です。申告全体の差益率のことはわかっていなくても、個々の商品の粗利は頭に入っているはずです。調査に行った際、前回調査で指摘があったことが改善されておらず、今回も伝票やレジペーパーの原始記録の保存がない場合

は悪質と見られても仕方がないでしょう。

過去の原始記録の保存が十分でない場合、進行年分の売上や仕入を基準に計算します。たとえば、経営者にお願いして一カ月間の売上と仕入の記録をきちんと残すように伝えて、実際にやってもらいます。進行年分の差益率で調査年分の仕入金額を割り戻すと、売上金額がはじき出されることになるのです。

両建てと言って、売上を除外したぶんに応じて仕入も除外している場合は、仕入金額を再度調べなおす必要があります。この場合はもっと悪質ということになります。

いくら払うかより、何を間違えたか

調査をしていていつも感じていたのは、経営者は追加の税金がどのようにして算出されるのかにあまり興味がないということです。

「結局なんぼ払ろたらよろしいんですか」

いくら払えば済むか、そればかり気にしているのです。

「今日署に来てもらって修正申告書を提出した経営者は、なんで修正することになったかかわ

かってるんでしょうか」と私が統官に質問すると、

「いや、多分わかってないと思うよ」

こういう答えが返ってくることが多かったように思います。

大切なことは、いくら追徴金を支払ったかではなく、何をどんなふうに間違えていたのかです。そこのところをきちんと押さえておかない人は、ついまた同じミスをすることになります。

税務署は調査が終わる際にどこがどんなふうに間違えていたのか説明します。けれども、修正申告書に印鑑をついた経営者は、その税金をどうやって払うかの段取りで頭がいっぱいなのです。

税務調査の途中、あるいは最後には税理士が税務署に話をしにきます。その際に、調査対象者となった経営者は同行すべきだと思います。税務署では担当調査官と統括官が調査の経緯と修正内容について説明するはずだからです。わからないことがあれば、調査官はきちんと説明するでしょう。

税務調査は、適正公平な課税を実現させることが目的ですから、追加の税金の多寡を問題にしているのではありません。税務調査対応策という観点から経営を見直すことで、よりよい企業を育むことにつながるのです。

税理士でこの本をお読みの方には、顧問先に税務調査が入った場合は、追加の税金の納付の目途が立った時点で、経営者のところに行き、指摘事項についておさらいをすることをお勧めします。いったん膿を出し切ったところで、それでも一緒にやっていこうという契ができれば、そこから本当のお付き合いが始まるのだと思います。

商売人は、必ずしも悪人ではない

「飯田先生、こんな場合はどうすればいいんでしょうか」

あともう一科目合格すれば、晴れて税理士資格を取得できるという会計事務所勤務の事務員の方が私に質問をしてきたことがあります。

自身の勤務する会計事務所の大先生には聞けず、私に聞いたのは、「ドッグフードの領収書をなんの勘定科目で処理すればいいのか?」という質問でした。

普通に考えると滑稽きわまりないのですが、その方は、真剣に悩んでいました。ドッグフードが経費で落ちるとしたら、いろいろあるのでしょうが、ペットショップくらいしかなかなか思いつきません。

税理士を目指して勉強中の方も、法律に照らして判断する前に、「何が正しいのか」という自分の良心に基づいて判断できるような感覚を培うべきでしょう。そうすることで顧問先の経営者自身にも良心が働き、知らない間に不正につながる経理状態に陥ることを未然に防ぐことができます。

ここまで、税務調査と無縁の会社になるためのポイントについて説明しましたが、最も有効な手段は、常に「何が正しいのか」を判断基準とすることだと言えるでしょう。

現に、今も調査官の中には、「商売人は悪者だ」という意識で、「役人風」を吹かせて税務調査を行っている人も少なくないと思います。けれども、そうでもしなければ、嫌われ者の仕事は務まらないという側面があることもご理解いただければと思うのです。

税務署の仕事から離れ、民間の仕事に就いてみると、私の認識は改まりました。

今、私のまわりにいらっしゃる経営者の方々は、皆さん、きちんと税金を納めて経営をしていこうという方ばかりです。

従業員の生活を守るため、真面目にきちんと申告して税金を納め、企業にお金を残すダム式経営を目指しておられます。「良心」を基軸にした経営を実践さている方々は、志を持ち、社会貢献度の高い経営をされています。

今の日本では、税金を納めないと企業にお金を残せない仕組みになっています。財務省のホームページでは、税金について次のように書いています。

「税金とは、年金・医療などの社会保障・福祉や、水道、道路などの社会資本整備、教育、警察、防衛といった公的サービスを運営するための費用を賄うものです。みんなが互いに支え合い、ともによりよい社会を作っていくため、この費用を広く公平に分かち合うことが必要です」

この書き方では税金は単なる費用＝コストという印象を受けてしまいます。費用と言われてしまうと、できれば少なく抑えたいという気持ちが働くでしょう。

そうではなくて、税金のことを、これから社会を創っていくために必要なお金、未来創造のために使うお金だというふうにすれば、納める人の意識が大きく変わってくると思います。

権力で押さえつけるのには無理がある

税務署と警察署は組織の構造やそこで働く人たちの気質など、似ている部分が多いと書いてきました。

この本の執筆中に、サッカー日本代表が、ブラジルW杯出場を決めたオーストラリア戦の夜に活躍した、東京・渋谷のＤＪポリスについて大きく報道されました。新聞記事の見出しは、「渋谷の『ＤＪポリス』に警視総監賞」です。

税務署で働く調査官の立ち位置は、警察署で言えば、交番で働くお巡りさんに近いのではないかと思います。

「税務署の人って、なんであんなに人を疑うような目をしてるんでしょうねぇ」

税務調査に入られた人は、決まってそう言います。きっと私も調査官当時はそのような目つきをしていたのでしょう。

税務調査は申告納税制度の担保として行われるものです。仮に適正公平な課税というものが完全に実現された世の中になったとしたら、税務調査はなくなっていいと私は思っています。

警察も同じで、犯罪に手を染める人が、一人もいなくなったら必要なくなるのだろうと思います。今回、ＤＪポリスが表彰されたのは、いたずらに権力で押さえつけるのではなく、サポーターの良心に働きかける素晴らしい誘導で、未然に事故を防止できたからでしょう。

国税当局も、高額悪質な案件については強制調査に委ねる一方で、一般の経営者には良心に働きかけるような対応を打ち出すことが必要ではないでしょうか。

国税当局も権力で押さえつけることには、限界があることを感じているのでしょう。さまざまな手法で広報活動をしています

二〇一一年二月、とあるテレビ番組で国税庁と税務署の内部が紹介されていました。国税庁の広報担当からテレビ番組の担当に電話をかけて、取材してもらったのだそうです。バラエティ形式番組の中で、国税庁の職員の人たちが、タレントさんたちと軽妙な掛け合いをして笑いを呼んでいました。

しかし、こうした機会はまだまだ少なく、普段目にするＰＲ活動などは、「いかにもカタいなあ、真面目すぎるなあ」という印象を抱いてしまうことは否定できません。

平成二三年（二〇一一年六月）発行の「国税庁レポート２０１１年度版」には、税務調査について、「国税庁においては、適正申告の実現を図るため、納税者に対して、的確な調査・指導を実施することとしています」と書かれています。

現状、調査については適切に実施されていると思うのですが、指導についてはまだまだ行き届いていないと思います。

税務署が税務調査の対象に選んだということは、その時点で「何か不正を働いている」と睨んだと考えるのが妥当です。税務調査に選ばれる前に、税務調査ではどんなことが行われるのか、その実態を知っていただくことが、国税庁の言う的確な指導の一端となるのではないかと思っています。

また、国税庁の任務は、財務省設置法第一九条により、「内国税の適正かつ公平な賦課及び徴収の実現」を図ることと定められています。

この任務を果たすために、広報活動や租税教育など、納税者が納税義務を理解して実行することを支援する活動（納税者サービス）や、善良な納税者が課税の不公平感を持つことがないよう、納税義務が適正に果たされていないと認められる納税者に対して、的確な指導や調査を実施することによって、誤りを確実に是正する活動（適正・公平な税務行政の推進）を行っています。

私は調査官時代、「適正・公平な税務行政の推進」の部分に携わってきました。けれども「納税者サービス」という部分については、あまり関わることができませんでした。

法律の上では、調査よりも租税教育が先に謳われています。その点を踏まえて、今後は適正かつ公平な課税の実現のための広報活動や租税教育という部分で私の調査官としての経験を活かしていきたいと考えています。

税務署は不公平なのか

この原稿を執筆中に、私が属している支部の税理士会の租税教育推進委員会の会合がありました。

そこで、税理士のあり方や税務調査について、あるいは租税教育についてなど、税務行政全般について議論を交わしました。

そもそも税務署の存在理由は公平な課税の実現が目的なのに、「税務調査ありき」になりすぎていないか。子どもだけではなく、もっと広く租税教育をするべきではないか。すべての納税者が、適切にきちんと納税すれば、税務署がいらない世の中にできるかもしれない――そんな話にまでなりました。

けれども、悲しいかな人の心は弱いものです。大きなお金を手にすると、どのように扱えばいいかわからず、つい出来心でポケットに入れてしまいそうになります。それを咎めてくれる人が身近にいなければ、どんどんエスカレートして、取り返しがつかない状態になってしまうのです。

そういう意味では、税務調査には不正を増幅させない牽制効果があるでしょう。

税務署は、きちんと税金を納めている人と不正する人の間の「不公平」をなくすために存在しています。

税務署の職員の中には、公平な課税の実現に関心があるというより、税理士になる前に、税務署の内部のことを知っておきたいという動機で国税に入ってくる人もいます。もちろん、そういう生き方もあっていいとは思います。けれども、税理士資格を取得するまで、数年間在職しただけで税務署のことがすべてわかるはずはありません。

私は税務署で働く間、計七回の転勤を経験しました。各税務署には、土地柄によってさまざまな違いがあります。そうした経験から、調査官として、また社会人として大きく成長させてもらったと感じています。私は国税で二六年間働かせていただいたことを誇りに思っています。

そして、私が出会った税務署で働くほとんどの職員は、「本当の不公平」をなくすため頑張って仕事をしています。限られた人数で、より公平に税金を納めてもらえるよう日々努力しているのです。

「怖い顔をしたお巡りさんも、皆さんが憎くてやっているわけではありません。心の中では日本代表のワールドカップ出場を喜んでます」

DJポリスは渋谷の交差点でそう訴えました。税務署の調査官も同じで、国民と対峙する存在ではなく、日々の仕事に真面目に取り組む一人の国民です。

この本を読んでくださった方には、そのことをご理解いただければと思っています。

あとがき

租税教室で講師をすると、いろいろなことを聞かれます。

「税金をちゃんと納めていないと、脱税の罪で逮捕されることもあるんですよ」という話をしたところ、

「先生、いくらまでやったら脱税にならないんですか？」と質問する生徒がいて、一瞬絶句してしまいました。私の授業を見守っていた担任の先生も苦笑していました。

「そのことを知る前に、そもそも脱税はどうなのか、自分の良心に聞いてみるといいかもしれませんね」

そう私が答えると、質問をした生徒はきょとんとしていました。授業のはじめから税金クイズにとても興味を持って一生懸命考えてくれていた生徒が、「先生、リョウシンってなんですかぁ〜」と聞いてきます。

私はチョークを手に取り黒板に大きく「良心」と書きました。

「よいこころ、と書いてリョウシンと読みます。たとえば、皆さん、もし道にお金が、そうですね、五〇〇円が落ちていたらどうしますか」

「拾う！」「拾う！」「拾う！」

あちこちから元気な声が聞こえます。

「では、拾ってどうしますか？」

「もらっとく～！」

一番元気のいい生徒がそう言うと、

「え～～」

教室全体からブーイングが起こりました。

「先生、五〇〇円でしょ。警察に届けないといけないとは思うのですが、五〇〇円くらいなら落とし主も現れないだろうし、もらっておいても罪にはならないと思います」

なるほど、見るからに勉強のできそうな生徒がそのような答えをしてくれました。

「では、皆さん。拾ったことを誰にも言わずにもらっておいたら、どんな気持ちがするでしょうか」

生徒たちは素直です。しばらく考え、さっき勢いでもらっとくと言ってしまった生徒がこう言いました。

「う〜ん、ホンマは警察に届けなあかんよなあって思う」

教室の中にいるほとんどの生徒がうなずいています。

「そうですね。そういうふうに『ホンマはこう思う』というのが正しい判断ですよね。皆さんは、もともと正しく判断する気持ちをちゃんと持っています。それが良心なんです」

私が本書を記したのも、ある種の良心のなせる業だと思っています。

私はもともと税理士業をしようと思って退職したのではありません。けれども、退職し民間人になってから多くの経営者の方に出会い、元国税調査官としての意見を求められるようになりました。講演をしたり文章を書いたり、税理士を目指して勉強中の方向けの月刊誌に、国税の仕事についてのコラムを連載したりしているうちに、いろいろと思うことがありました。

税務調査をめぐっては、調べられる側の人も、調べる側の調査官も、必ずしも幸せそうでありませんでした。

「これってなんか、おかしいんと違うん？」

この状況を少しでも変えたい……。そのために「調査官も一人の人間で、みんなと同じような悩みや喜びを抱えながら日々働いている」という等身大の姿をお伝えしてみようと思ったわけです。

そんな折、とある縁があって、執筆を勧めていただきました。

本を書くにあたって、映画『マルサの女』と『マルサの女2』を見てみました。自分の調査官時代のことを思い出し、感極まって涙が出そうになりながらも一気に見終えました。

そして、かつて税務調査をさせていただいた方のことを思い出しました。

調査官をやっていた当時、「商売人はみんな悪者だ！」と言い聞かせながら、それでも「世の中に本当に悪い人はいないはずだ」という気持ちをどこかに持って調査に臨んでいたことも思い出しました。

調査官が、常にこころある調査を行い、調査される側の方々の良心に訴えかけることができれば、お互いにもっと幸せになれると思います。

映画『マルサの女2』で、宮本信子さん演じる板倉亮子は、東大卒のアシスタントにこう教えます。

「この商売はな、最終的には人格と人格のぶつかり合いだ」

二六年間、調査官をやってきて、まさにそのとおりだと思いました。

私の国税の同期生はあと数年すれば、「高卒女子一期生の税務署長誕生」という見出しとともに新聞などで紹介されることになります。そのときには、どうぞ彼女たちにエールを送ってほしいと思います。

最後に今回の原稿を仕上げるのに日本経済新聞出版社の野澤靖宏さんには大変お世話になりました。この場をお借りして、心から感謝を申し上げたいと思います。

二〇一三年夏

飯田真弓

飯田真弓 いいだ・まゆみ

飯田真弓税理士事務所代表税理士、一般社団法人日本マインドヘルス協会代表理事、産業カウンセラー。1982年京都府立城陽高校卒、初級国家公務員（税務職）女子1期生。26年間国税調査官として、税務調査に携わる中、結婚、出産、子育てを経験。在職中放送大学で心理学を学び認定心理士資格を取得。表現療法に出会い2008年退職、現在に至る。DVDに「税務調査に選ばれる企業の共通点」他がある。

日経プレミアシリーズ｜209

税《ぜい》務《む》署《しょ》は見《み》ている。

二〇一三年九月九日　一刷

著者　飯田真弓

発行者　斎田久夫

発行所　日本経済新聞出版社
http://www.nikkeibook.com/
東京都千代田区大手町一―三―七　〒一〇〇―八〇六六
電話（〇三）三二七〇―〇二五一（代）

装幀　ベターデイズ

印刷・製本　凸版印刷株式会社

ISBN 978-4-532-26209-9　Printed in Japan

日経プレミアシリーズ 122

人事部は見ている。

楠木新

人事評価や異動は、実務ベースではどう決まっているのか――。一般社員がなかなか知ることのできない「会社人事のメカニズム」「人事部の本当の仕事」などを、大手企業で人事に携わった著者が、自身の経験と人事担当者への取材をもとに包み隠さず書き尽くす。

日経プレミアシリーズ 176

サラリーマンは、二度会社を辞める。

楠木 新

頑張っても、自分には返ってこない。結局、実力より協調性で決まる。40歳になったら、自分の評価は変えられない……。人生と会社の不合理を知り、周囲や組織との関係性を考える。会社員は世代ごとにどう考え、どう働くべきかを多くの人の事例を交えながら具体的に考える。

日経プレミアシリーズ 135

サボる時間術

理央 周

忙しく働いているのに、結果が出ない。重要な案件が、いつも「やっつけ仕事」になってしまう……。仕事に追われずに、限られた時間で成果を最大化するには、まず「サボる時間」を確保しよう。多くの外資系企業で働いたマーケターが提案する、逆転発想の時間のとらえ方、使い方。

日経プレミアシリーズ 139

「上から目線」の構造

榎本博明

目上の人を平気で「できていない」と批判する若手社員、駅や飲食店で威張り散らす中高年から、「自分はこんなものではない」と根拠のない自信を持つ若者まで――なぜ「上から」が気になるのか。なぜ「上から」なのか。心理学的な見地から、そのメカニズムを徹底的に解剖する。

日経プレミアシリーズ 150

お金の正しい守り方

大井幸子

次々と危機が訪れ、展望の開けない日本。リスクを嫌い、資産を海外へ逃避させる傾向が強まっている。本当に、それで安全なのか？滞米生活20年でみた「ファミリー・オフィス」の資産保全の考え方と技術を日本に応用、グローバルな視点で自らと家族を守る手段を紹介する。

日経プレミアシリーズ 158

中国人エリートは日本人をこう見る

中島 恵

なぜ日本が好きなのか。日本企業の何が素晴らしいと感じるのか。やっぱり不可解・不快な日本人の性格や行動とは何か――。日中両国に住む中国人の若手エリートおよそ100人が語る、本音ベースの日本論・日本人論。彼らの声に耳を傾ければ、私たちが意識しない「自分たちの姿」が見えてくる。

日経プレミアシリーズ 179

円安恐慌

菊池 真

円高は弱すぎるドルの裏返しで、日本国債も国内消化が支えているに過ぎない。ドル反転により始まる円安・インフレと、消化しきれなくなった国債の暴落が「最悪のシナリオ」を生み出す。いつ、誰がトリガーを引くのか？ そのとき起こる深刻な経済状況と資産防衛、その後の展開を冷静な筆致で描き出す。

日経プレミアシリーズ 185

お役所しごと入門

山田咲道

組織のなかで、減点されずに生き残るには、仕事から逃げ、責任を負わないのが得策です。その見本となるのが「お役所しごと」……。顧客軽視、無責任、コスト意識ゼロの仕事はどうやって発生するのか、どうすれば直せるのか。ダメ社員が増殖していく多くの現場を見てきた会計士が、皮肉をまじえてわかりやすく説きます。

日経プレミアシリーズ 194

二代目が潰す会社、伸ばす会社

久保田章市

後継経営者のつたないマネジメントによって、多くの企業が消えている。では、会社を存続させ、成長させる後継者には、どのような能力と役割が求められるのか。優れた後継者はどうやって育つのか。多くの事例を紹介し、わかりやすく解説する。

日経プレミアシリーズ 196

ロジカルな田んぼ

松下明弘

雑草はなぜ生えるのか、なんのために耕すのか、なぜ田植えが必要なのか……。有機・無農薬で米を作り、巨大胚芽米「カミアカリ」を開発した著者の農作業には、すべて意味がある。農薬と化学肥料に頼らず、おいしい米を追求する「稲オタク」が語る新しい農業のかたち。

日経プレミアシリーズ 198

リスクとの遭遇

植村修一

なぜ人間は、「滅多に起きないが影響が甚大」な災害には敏感なのに、日常の失敗や危険への対策はおろそかになるのか——。『リスク、不確実性、そして想定外』の著者が、生活シーンから歴史的事件など豊富なエピソードを用いて、「リスク管理」で失敗しないための基礎知識をわかりやすく解説する。

日経プレミアシリーズ 199

社交的な人ほどウソをつく

内藤誼人

ポケットに手を入れる、あなたをじっと見つめる、貧乏ゆすりをする、丁寧すぎる言葉を使う——。人の心は意外なほど外目に現われます。ちょっとした表情や手の動き、身体の姿勢や言動から、相手の本音を見抜き、仕事や人間関係を好転させる心理テクニックを教えます。

日経プレミアシリーズ 202

日本企業は何で食っていくのか

伊丹敬之

政権交代を契機に環境が好転換しつつある日本経済。だが油断してはならない、新たな成長源は、依然として明確ではないのだ！　電力生産性、ピザ型グローバリゼーション、複雑性産業など、第一級の経営学者が、日本企業が挑むべき6つの突破口を明示する。

日経プレミアシリーズ 203

食と健康の話はなぜ嘘が多いのか

林　洋 著　重松　洋 監修

流行の健康法や食事療法には、残念なもの、危険なものも……。ダマされないために、人体の基本を勉強しましょう。人間と「栄養」の関係をユーモラスに解説し、「肉を食べる意味」「糖質制限食のリスク」「サプリの効果」など、具体的ケースを考えるユニークな一冊です。

日経プレミアシリーズ 208

東京ふしぎ探検隊

河尻　定

東京には「ふしぎ」があふれる。銀座の一等地には住所のない場所があり、なぜか国道1号は第二京浜で、神田には1丁目がない町がある……。なぜなのか。大都会のミステリーの核心に迫ると、日本の意外な歴史の真相にたどり着く。日経電子版の大人気連載企画、待望の書籍化。